Aufstieg und Fall des Kommunismus

Aufstieg und Fall des Kommunismus

VON LENIN ÜBER MAO BIS GORBATSCHOW

Mit Beiträgen
von Mario R. Dederichs
Iring Fetscher
Heinrich Jaenecke
Lew Kopelew
und Fritz Pleitgen

Herausgegeben
von Klaus Liedtke

Graphische Gestaltung: Hans-Günther Meyer
Bildtexte: Winfried Maaß, Horst Treuke
Chronik: Matthias Weber

Herausgeber: Klaus Liedtke
Programmleitung: Dr. Manfred Leier
Lektorat: Gisela Merz-Busch
Bildredaktion: Fritz Remus
Verlagsleitung: Peter Schlickenrieder
Herstellung: Bernd Bartmann, Druckzentrale G + J
Druck: Neef, Wittingen

Redaktionsschluß 31.7.90
1. Auflage 1990
ISBN 3-570-02952-2

Inhalt

Eine Utopie erobert die Welt: Die Idee des Kommunismus

Von Klaus Liedtke

Als das Römische Reich unterging, hatte es 300 Jahre eines kontinuierlichen Abstiegs hinter sich. Der Rückzug des britischen Empire aus den vier Ecken dieser Welt dauerte immerhin noch vier Jahrzehnte. Gemessen an diesen und an anderen geschichtlichen Erfahrungen kam der Zerfall des sowjetischen Machtbereichs gleichsam über Nacht: Wie auf Kommando erhoben sich an der Schwelle zum letzten Jahrzehnt dieses Jahrhunderts die Völker in den Vasallenstaaten Moskaus, wurden Mauern durchbrochen, Herrschercliquen entmachtet. Und selbst im Zentrum der Macht wurde das, was gestern noch sakrosankt gewesen war, mit Hohn und Spott bedacht; plötzlich schien der Kreml niemanden mehr zu schrecken.

Fasziniert beobachtet die Welt seither die Auflösungserscheinungen der „roten Supermacht". Denn es stirbt nicht nur eines der großen Imperien der Geschichte, es stirbt auch eine große Idee, eine Ideologie, die einmal ein Drittel der Menschheit beherrscht hat. Sie hatte sich schon als Sieger aus dem „Wettkampf der Systeme" hervorgehen sehen. Sie war überzeugt gewesen, daß die Geschichte gar nicht anders könne, als sich zu ihren Gunsten zu entwickeln. Um so tiefer der jähe Fall.

Beglückt schauen die einen auf das jämmerliche Ende der kommunistischen Utopie. Hatten sie nicht immer schon gesagt, daß der Marxismus/Leninismus nicht funktioniert? Daß er nicht mehr Freiheit, sondern nur mehr Unterdrückung bringt? Betroffen stehen die anderen vor den noch rauchenden Trümmern dieses einzigartigen Menschheitsexperiments: War denn alles nur ein gigantischer Irrtum gewesen? Sollten denn alle Opfer vergebens gewesen sein – die freiwilligen aus blindem Glauben und die erzwungenen aus rücksichtslosem Machtinteresse? Sollte Immanuel Kant am Ende recht behalten, der 1798 zu wissen glaubte: „Aus so krummem Holze, als woraus der Mensch gemacht ist, kann nichts Gerades gezimmert werden." Hatte sich also der Mensch als nicht umerziehbar, als nicht verbesserbar, belehrbar erwiesen?

Daß der Mensch, so wie er durch die Jahrhunderte und Jahrtausende der Menschheitsgeschichte wandelte, nicht die letzte Entwicklungsstufe des Homo sapiens sein könne, daß es irgendwo, irgendwann eine Zukunft geben müsse, in der der Mensch dem anderen nicht Wolf, sondern Bruder ist – das ist ein Traum so alt wie die Zivilisation. Vom Griechen Platon (428–348 v. Chr.) bis zum Engländer Thomas More (1477–1535) reichen die Utopien eines besseren Staates mit glücklicheren Menschen, mit einer humanen Gemeinschaft ohne Armut und ohne Luxus, mit einem Zustand allgemeiner Tugend, die den frühen Denkern weitaus wichtiger schien als die individuelle Freiheit.

„Sozialistische" Ideen formierten sich erst mit Beginn der industriellen Revolution. Beeinflußt von Aufklärung und französischer Revolution wandten sich die „utopischen Sozialisten" gegen Ungerechtigkeit und Ungleichheit und gegen das Elend, das mit den kapitalistischen Produktionsmethoden und dem unkontrollierten Markt über die unteren sozialen Klassen gekommen war. Diese Urväter des Sozialismus hatten Visionen von einer neuen Gesellschaft freier und solidarisch kooperierender Produzenten. Die Massen sollten Kontrolle über Regierung und Produktionsmittel bekommen; die Herrschaft des Menschen über den Menschen sollte durch eine Verwaltung von Sachen ersetzt werden. In dieser schönen neuen Welt, glaubte der Franzose Fourier, würde der Mensch endlich frei sein, das zu tun, wonach ihm gerade sei: morgens, zum Beispiel, Kohl zu pflanzen und abends in der Oper zu singen.

Und dann kam Karl Marx. Er wollte mehr als nur einen phantastischen Zukunftsentwurf liefern. Er wollte eine wissenschaftliche Analyse bestehender Zustände erarbeiten, aus der sich Konzepte für konkretes politisches Handeln ableiten ließen. „Die Philosophen", sagte er, „haben die Welt verschieden interpretiert. Es kommt darauf an, sie zu verändern."

Marx formulierte seine „Kritik der politischen Ökonomie", die klarer als andere Schriften zuvor die Schwachstellen der frühen kapitalistischen Wirtschaftsordnung bloßlegte: die zyklischen Krisen der Konjunktur, die Ausbeutung der Arbeiter, die Massenarbeitslosigkeit. Und er glaubte, auch die Lösung des Problems zu kennen: die Aufhebung des Privatbesitzes an den Produktionsmitteln, ihre Vergesellschaftung. Marx gab vor, als erster und einziger Philosoph die objektiven Gesetze der Geschichte ergründet zu haben. Diese Gesetze würden nach einer allmählichen Verschärfung des Kampfes zwischen den Klassen den Untergang der bürgerlichen Klassengesellschaft durch die Revolution des Proletariats und seine anschließende Diktatur herbeiführen. Dies sei dann die Stunde der sozialistischen Zukunftsgesellschaft, die sich einst im Stadium des Kommunismus vollenden werde.

Schon in der sozialistischen Übergangsphase, so die Lehre, werde der Staat absterben, und die politischen Gewaltverhältnisse früherer Zeiten würden sich auflösen. Die Arbeitskraft werde nicht länger nur Ware sein, fortan diene sie ausschließlich der Gesellschaft und der eigenen Befriedigung. Kapital und Zinsen würden eliminiert, wie auch die letzten Reste von Ausbeutung und Klassenunterschieden. Die ganze Staatsmaschinerie, so Marx' Mitstreiter Friedrich Engels, gehöre alsbald ins „Museum der Altertümer, neben Spinnrad und die bronzene Axt".

Für Marx, Engels und Co. bedeutete der Sozialismus das Ende der menschlichen Frühgeschichte und den eigentlichen Beginn der Zivilisation. Trotzki, einer der großen russischen Revolutionäre, erwartete, daß der Mensch im Stadium des vollendeten Kommunismus „stärker, klüger und feiner, sein Körper harmonischer, seine Stimme musikalischer" sein werde – ein jeder wie eine Mischung aus Aristoteles und Goethe: „Und über dieser Gebirgskette werden neue Gipfel aufragen." Lenin, der den von Marx vorhergesagten Gang der Geschichte durch Berufsrevolutionäre beschleunigen und die Massen vorantreiben wollte, war sich 1920 noch ganz sicher: „Die Generation, die jetzt 15 Jahre alt ist, die wird die kommunistische Gesellschaft erleben und selber diese Gesellschaft aufbauen."

Als Marx, halb Wissenschaftler, halb Prophet, 1883 starb, hatte er eine politische Ersatzreligion gestiftet, die – anders als das Christentum – der Menschheit schon im Diesseits Erlösung von allen irdischen Übeln versprach: Nach der unvermeidlichen Weltrevolution, nach dem letzten Gefecht, würden die Völker vom „Reich der Notwendigkeit" ins „Reich der Freiheit" marschieren, wo der Grundsatz gelte: „Jeder nach seinen Fähigkeiten, jedem nach seinen Bedürfnissen."

Die Anhänger von Marx glaubten an die Befreiung wie an ein neues Evangelium. Zwar spaltete sich die Arbeiterbewegung über die Frage der Gewaltanwendung bald in einen reformerischen, den sozialdemokratischen, und einen revolutionären, den kommunistischen Teil. Aber beide Entwicklungslinien sahen in Karl Marx ihren geistigen Quell. Seine Utopie war Hoffnung für Millionen in aller Welt; sie gab ihnen die Kraft, gegen politische Unterdrückung und wirtschaftliche Ausbeutung anzukämpfen, ließ sie Verfolgung erdulden. Und anders als bei den auf Haß und Vernichtungsphantasien gegründeten Nazi-Theorien von Herren- und Untermenschen gingen Marxisten in ihrem edlen Menschenbild von der Gleichheit aller, von Brüderlichkeit aus.

Noch in den dreißiger Jahren pilgerten westliche Intellektuelle nach Moskau, um im „Vaterland aller Proletarier" bei der Schaffung des neuen Menschen zugegen zu sein. Und als Stalin in jener Zeit mit zweistelligen Zuwachsraten in der sozialistischen Wirtschaft aufwarten konnte, wähnte auch der weltberühmte österreichische Ökonom Joseph Schumpeter – alles andere als ein Sozialist – den Sieg des Sozialismus über den erlahmenden Kapitalismus nahe. Triumphierend schrieb Trotzki 1936 über den Fünfjahresplan: „Mit den Herren bürgerlichen Ökonomen braucht man nicht mehr zu streiten. Der Sozialismus hat sein Recht auf den Sieg nicht auf den Seiten des ‚Kapitals' bewiesen, sondern in einer Wirtschaftsarena, die ein Sechstel der Erdoberfläche ausmacht – nicht in der Sprache der Dialektik, sondern in der Sprache des Eisens, des Zements und der Elektrizität."

Als in Deutschland die SPD mit dem Godesberger Programm 1959 dem Marxismus und der Planwirtschaft abschwor und sich zur sozialen Marktwirtschaft bekannte, wurde die Lehre des Karl Marx Identifikationspunkt der Neuen Linken. Der Philosoph Herbert Marcuse, eine Art Guru der rebellischen 68er Generation, weissagte, daß das kapitalistische System auf eine gewaltsame Revolution zusteure. Bundesdeutsche Studenten halfen, im albanischen Tirana eine Eisenbahn zu bauen, und schwärmten bei ihren Demos von den kommunistischen Volkshelden Mao Tse-tung und Ho Tschi-minh.

In den Siebzigern verlief sich der bundesdeutsche Marxismus. Das, was die Menschen nun mehr beunruhigte als die – in den westlichen Konsumgesellschaften offenbar weitgehend gelöste – „soziale Frage", nämlich Atom und Ökologie, war nicht bei Marx nachzuschlagen. Weltweit wurde die Strahlkraft des Kommunismus schwächer – bis sie ausgerechnet unter Gorbatschow, dem Neuerer, versiegte. Er hatte eine kritische Bestandsaufnahme der sozialistischen Bewegung gefordert, und was er erhielt, war eine grundsätzliche Abrechnung mit kommunistischer Theorie und Praxis, auch aus den eigenen Reihen. Nicht nur, daß dem Kommunismus ganz einfach der Erfolg fehlte – zeigte sich nicht so kurz vor der Jahrtausendwende, daß die Marxschen Analysen und Prognosen aus der Mitte des vorigen Jahrhunderts in großen Teilen falsch waren? Hier hatte Marx geirrt:

- Die Geschichte kennt eben keine „Gesetzmäßigkeit" im Sinne eines einzigartigen, unausweichlichen Verlaufs, und es gibt auch keine Möglichkeit, mit rationalen Methoden die Entwicklung der wissenschaftlichen Erkenntnis vorauszusagen – der „zwangsläufige" Übergang vom Kapitalismus zum Sozialismus hat nicht stattgefunden.
- Die Wirtschaftskraft des Kapitalismus hat sich nicht aufgebraucht, sie ist stärker geworden. Anders als der staatlich organisierte Sozialismus hat der Kapitalismus unter dem Druck von starken sozialen und emanzipatorischen Kräften eine größere Anpassungsfähigkeit und Flexibilität bewiesen. Er hat, im marxistischen Vokabular, „die Bedingungen seiner eigenen Existenz unablässig revolutioniert".
- Die Verelendung der Massen in den Industrieländern ist auch ohne Revolution des Proletariats gestoppt worden. Heute ist der „bürgerliche Staat" nicht so sehr Machtinstrument der Bourgeoisie zur Durchsetzung ihrer Klasseninteressen als vielmehr Garant für die Wohlfahrt, die Existenzsicherung der sozial Schwächeren.
- Der Verzicht auf Markt und Privateigentum hat im real existierenden Sozialismus keine besser funktionierende Wirtschaftsordnung gebracht, sondern nur eine Verwaltung von permanenten Mängeln – wobei die werktätigen Massen von der ökonomischen Entscheidungskompetenz über die Produktion ausgeschlossen blieben.
- Der Staat ist in den kommunistischen Ländern nicht abgestorben, im Gegenteil: er hat sich zu totalitären Dimensionen aufgeschwungen. Der Staat ist nicht vermenschlicht, sondern der Mensch verstaatlicht worden: die Bevölkerung als bloßes Objekt gesellschaftlicher Planung.
- Die meisten Menschen haben sich in der sozialistischen Wirtschaft nicht, wie erwartet wurde, voller Hingabe an die Fiktion von der neuen Gesellschaft an ihren Arbeitsplätzen geschunden – sie haben bewußt Leistung verweigert, weil persönlicher Fleiß am Ende nur zur Normerhöhung durch die Planbehörde und nicht zu einem individuell besseren Lebensstandard führte.

„Der Marxismus", schrieb der grüne Politiker Udo Knapp, „war der menschenfeindliche Großversuch, die Menschheit von ihren zivilisatorischen Erfahrungen, ihren jahrhundertealten Überlebenstechniken, dem Hauptstrom der Geschichte, abzutrennen." Von dem, was versprochen war, wurde so gut wie nichts verwirklicht: keine soziale Gerechtigkeit, keine Völkerfreundschaft, keine Solidarität, keine Freiheit von Ausbeutung. Der Sozialismus, so wie er praktiziert wurde, war ein einziges Potemkinsches Dorf: Die Obergenossen vertrugen die Wahrheit nur in präparierter Form und glaubten allein den Statistiken, die sie selbst gefälscht hatten. In Autos mit verhängten Fenstern fuhren sie durchs Land, ließen sich vom Volk huldigen, von dem sie weiter entfernt waren als der Durchschnittspolitiker im Westen, und sicherten sich gegenseitig Pfründen und Privilegien.

Unter den kommunistischen Herrschern war die Menschheit dem „Reich der Freiheit" kein Stückchen näher gekommen – wohl aber der schrecklichen Utopie von Orwell („1984"), der den Protagonisten des Überwachungsstaates sagen läßt: „Wenn Sie sich ein Bild von der Zukunft ausmalen wollen, dann stellen Sie sich einen Stiefel vor, der in ein Menschenantlitz tritt, immer und immer wieder."

Wenn auch die kommunistischen Ideale von den Reformkommunisten der Gorbatschow-Ära nicht gleich allesamt begraben wurden, so waren doch die offenen Eingeständnisse der Fehler für alle, die die Länder des Sozialismus als doktrinären, monolithischen, militärisch-bedrohlichen Block in Erinnerung hatten, schwindelerregend. Und nach der Auflistung der kommunistischen Fehler kam dann auch gleich die Liste der kommunistischen Verbrechen: die Zwangskollektivierung der sowjetischen Landwirtschaft, der Millionen zum Opfer fielen, die Deportationen, die Gulags, die „Säuberungen“ der Partei mit der hunderttausendfachen Liquidierung vermeintlicher politischer Gegner, der Hitler-Stalin-Pakt und die Auslieferung emigrierter Kommunisten an die Gestapo, der Mord an über viertausend polnischen Offizieren in Katyn, die gewaltsame Gleichschaltung in den nach dem Krieg besetzten Ländern, die Niederschlagung der Aufstände in Berlin 1953, Ungarn 1956, Prag 1968, die Kulturrevolution in China, das Wüten des Pol Pot in Kambodscha, der Einmarsch nach Afghanistan... Die Freiheit im Sozialismus war nicht, wie Rosa Luxemburg gefordert hatte, „die Freiheit des anders Denkenden“, die Alternative eben nicht „Sozialismus oder Barbarei“ gewesen: Der Sozialismus hatte sich unter jenen Vollstreckern der Geschichte, die sich auf Karl Marx beriefen, mit der Barbarei verbündet.

Die sozialistische Praxis hat die sozialistische Idee gründlich diskreditiert; zumindest die Generation, die den Sozialismus am eigenen Leib erlebt hat, wird für diese Heilslehre nicht mehr anfällig sein. „Niemand kann ob des Dramas der Generationen von Kommunisten, die für den Sozialismus lebten und kämpften, ihn im sowjetischen System verwirklicht glaubten und irgendwann die tragische Realität entdeckten, ungerührt bleiben“, mahnte der ehemalige spanische KP-Politiker Fernando Claudin. „Das Schlimmste aber, was geschehen könnte, wäre, den Lehren dieser dramatischen Geschichte erneut den Rücken kehren zu wollen.“

Zu behaupten, daß es im sowjetischen Machtbereich nie einen wirklichen Sozialismus gegeben hat, um – wie der SPD-Linke Peter von Oertzen – damit zu insinuieren, daß der Sozialismus folgerichtig auch nicht gescheitert sein kann, ist zwar reizvoll als Theorie, aber für das geschichtliche Urteil über die Umsetzbarkeit der Marxschen Ideen in gelebten (und lebenswerten) Alltag unerheblich: Die Massen sind nicht so, wie die Lehre sie sich ausdenkt. Idee und Praxis strikt voneinander zu trennen, führt nur zu einer neuen Legendenbildung. Mit Václav Havel, dem tschechoslowakischen Ministerpräsidenten, ist zu fragen, „wer uns hier schon wieder irgendwelchen strahlenden Morgen vorschlägt; welche nächsten Katastrophen, in bester Absicht, wieder vorbereitet werden?“

Nirgendwo auf der Welt gibt es ein funktionierendes sozialistisches Modell. Alle nationalen Spielarten des Kommunismus – von Jugoslawien bis Vietnam – haben versagt. Zwar hat die Ideologie vermocht, im Kampf um Unabhängigkeit und gegen Unterdrückung besonders in der Dritten Welt nationale Kräfte bis zum Äußersten zu mobilisieren und auch, nach dem Befreiungskampf, eine Grundversorgung der Massen zu sichern. Aber mit ihrer Kommandowirtschaft, ihrem internen Terror, ihrem Machtmonopol scheiterten die Kommunisten überall spätestens beim Versuch, den Staat und die Gesellschaft auf die nächsthöhere Organisationsstufe zu bringen – ohne Pluralismus, ohne individuelle Freiheiten, ohne Marktwirtschaft kommt nun einmal eine moderne Gesellschaft im Zeitalter der Information nicht zur Blüte.

Ist also eine Welt ohne Sozialismus eine glücklichere Welt?

Für die Länder des ehemals sozialistischen Ostens besteht nach dem Wegfall der kommunistischen Utopie die Gefahr, daß in die Leere, wie der Pole Adam Michnik fürchtet, „nun Dämonen vergangener Epochen kriechen. Ideologien tauchen wieder auf, die Chauvinismus und Fremdenfeindlichkeit, Populismus und Intoleranz verkünden.“

Für die Länder des „siegreichen“ kapitalistischen Westens gibt es unterdessen keinen Grund, den Status quo zu zementieren und nichts als bloße Gegenwart zu wollen. Gescheitert ist zwar der große systematische Gegenentwurf zum Kapitalismus, der „wissenschaftliche Sozialismus“ mit seinem absurden Anspruch, den gesamten gesellschaftlichen Entwicklungsprozeß zu steuern. Aber die großen Menschheitsprobleme sind damit nicht geringer geworden.

Wo ist die Strategie gegen Klimakatastrophe, Regenwaldvernichtung, Bevölkerungsexplosion? Wo der Weg, die eine Milliarde Menschen, die unterhalb des Existenzminimums leben, aus ihrem Elend zu holen? Wo der Plan zur Rettung der 15 Millionen Kinder, die jedes Jahr an Hunger und heilbaren Krankheiten sterben? Haben die westlichen Industriegesellschaften nicht gern die weltwirtschaftliche Führungsrolle übernommen? Tragen sie – nach dem Aus für das konkurrierende System – nun nicht größte Verantwortung?

Der Notwendigkeit, kühn, visionär, utopisch zu denken – das Unmögliche anzustreben, damit zumindest das Mögliche erreicht wird –, sind wir nicht enthoben. Jetzt erst recht nicht!

Von der Februar-Revolution 1917 bis zum Tod Lenins

Von Iring Fetscher

Die Niederlage Rußlands im Krieg gegen Japan hatte 1905 eine erste Revolution ausgelöst, die schließlich mit Hilfe der Armee unterdrückt werden konnte. Schon damals waren in den Städten „Räte" (Sowjets) der Arbeiter entstanden, und Massenstreiks und Demonstrationen hatten das Land an den Rand des Zusammenbruchs gebracht. Der Zar reagierte mit vorsichtig eingeleiteten Reformen, unter anderem mit der Zulassung eines – beratenden – Parlaments, der „Reichs-Duma", die, nach einem Zensuswahlrecht gewählt, am 10.5.1906 das erstemal zusammentrat und schon wenige Monate später wieder aufgelöst wurde, weil sie allzu kritisch war. Der Ministerpräsident Stolypin nahm eine Landreform in Angriff, durch die den ärmeren Bauern das bis dahin der Gemeinde gehörende Land als Privateigentum zugeteilt wurde. Darüber hinausgehende Pläne der Landverteilung scheiterten. In den Jahren bis zum Ausbruch des Weltkrieges nahm die Wirtschaft des Landes einen erheblichen Aufschwung. Die politischen Verhältnisse jedoch blieben hinter den Hoffnungen und Erwartungen der meisten Gesellschaftsklassen weit zurück. Das noch immer schwache Bürgertum organisierte sich in der liberalen Partei der „konstitutionellen Demokraten" (KD, „Kadetten" genannt), Intellektuelle, die einen besonderen Weg Rußlands zur bäuerlichen Demokratie und zum Agrarsozialismus suchten, bildeten die Partei der „Sozialrevolutionäre" (SR), und die städtischen Arbeiter wurden von der „Sozialdemokratischen Arbeiterpartei Rußlands" (SDAPR) repräsentiert. In allen Parteien, besonders in den „linken", kam das Führungspersonal aus den Kreisen der „Intelligentsia", der gebildeten Schicht, für die das autokratische, nur unzulänglich reformierte zaristische Reich keine befriedigenden Betätigungs- und Aufstiegsmöglichkeiten bot.

In der SDAPR war es 1903, auf ihrem Parteitag in London, zur Bildung von zwei gegensätzlichen Richtungen gekommen. Die eine, von Lenin geführte, verlangte die Organisation einer straff geführten „Kaderpartei“ von Berufsrevolutionären, die den „Massen“ als „Avantgarde“ vorausgehen sollte; die andere strebte eine Massen- und Klassenpartei nach westlichem Muster an. Lenins Gruppierung erlangte – nach dem Auszug der jüdischen Arbeiterpartei, des „Bunds“, aus dem Kongreß – eine Mehrheit und wurde daher nach dem russischen Wort für Mehrheit „bolschewistisch“ genannt, die andere entsprechend als „menschewistisch“ (Minderheitsfraktion). Versuche der Versöhnung der beiden Richtungen, die von westlichen Sozialdemokraten unterstützt wurden, scheiterten an Lenins Intransigenz.

Für die spätere, von Stalin vorgenommene Dogmatisierung des „Leninismus“ wurde die Schrift Lenins „Was tun?“ aus dem Jahr 1902 maßgeblich. In dieser Schrift hatte Lenin die These vertreten, daß ein revolutionäres, politisches Klassenbewußtsein nur „von außen“ in die Arbeiterschaft hineingetragen werden könne. Von sich aus „spontan“ gelangten die Arbeiter lediglich zu einem gewerkschaftlichen Bewußtsein. Aus diesem Grunde müsse die „Avantgardepartei“ als Organisation der klassenbewußten Elite diese Erziehungs- und Führungsaufgabe übernehmen. In ihr müßten Intellektuelle mit disziplinierten Arbeitern fest verbunden sein. 1912 kam es auf der Parteikonferenz in Prag zur organisatorischen Spaltung der Partei. Den Menschewiki warf Lenin vor, sie orientierten sich hin zum klassenversöhnlerischen Reformismus und hätten den revolutionären Sozialismus verraten.

Trotz Reformen und politischer Unterdrückung nahm in den Jahren unmittelbar vor Kriegsausbruch die politische Unruhe in Rußland wieder zu. Das Land hatte – wie Rosa Luxemburg meinte – abermals eine „Revolution im Leibe“, die nur durch die künstlich erzeugte patriotische Stimmung im August 1914 noch einmal zurückgedrängt wurde.

In seinem schweizerischen Exil nahm Lenin im August 1914 bestürzt die Nachricht von der Bewilligung der Kriegskredite durch die deutsche Sozialdemokratie entgegen. Zusammen mit anderen europäischen Linkssozialisten organisierte er die internationalen Konferenzen von Zimmerwald (1915) und Kienthal (1916). Auch wenn Lenin sich mit seiner Forderung der Verwandlung des „imperialistischen Krieges in einen Bürgerkrieg“ nicht durchsetzen konnte, vertieften diese Konferenzen die Spaltung der Arbeiterbewegung in einen radikalen und einen gemäßigten Flügel. Hier wurden die Grundlagen für die (Dritte) Internationale gelegt, die im März 1919 in Moskau gegründet wurde.

Seit 1907 war Lenin ununterbrochen im Ausland gewesen. Zuletzt in der Schweiz, wo ihn 1917 die Nachricht vom Ausbruch der Februarrevolution überraschte. Noch am 22. Januar 1917 hatte er in einer Rede vor jungen Schweizer Arbeitern gesagt: „Wir, die Alten, werden vielleicht die entscheidenden Kämpfe dieser kommenden Revolution nicht erleben“ – er hoffe jedoch, daß die Jüngeren den Tag erleben werden!

Die materiellen und psychischen Belastungen des Weltkrieges waren offenbar für das zaristische Rußland zuviel. Niemand hatte mit einem mehrjährigen Krieg gerechnet. Anfang 1917 war die Unzufriedenheit mit den verschlechterten Lebensbedingungen und der Dauer des Krieges groß. Alle politischen Richtungen standen gegen den Zaren, dem die einen heimliche Sympathien mit dem deutschen Feind und mangelnde Energie, die anderen die Teilnahme am Krieg vorwarfen. Am 15. März wurde – unter dem Fürsten Lwow – eine provisorische Regierung gebildet. Der Zar dankte zugunsten seines Bruders Großfürst Michail ab, der auf den Thron verzichtete. Die Mehrheit der Heeresführer hatte den Zaren zu diesem Schritt gedrängt. Rußland war jetzt eine Republik. Den westlichen Verbündeten war diese Entwicklung nur recht, verloren sie doch auf diese Weise einen eher belastenden Bundesgenossen in einem Kampf, der ideologisch als Auseinandersetzung zwischen den westlichen Demokratien und den beiden zentraleuropäischen Kaiserreichen Österreich-Ungarn und Deutschland geführt wurde. Russische Demokraten und gemäßigte Sozialisten waren mit der Fortsetzung des Krieges einverstanden. Auch unter Marxisten wurde der Kampf jetzt „ideologisch" als legitim empfunden.

Gleichzeitig mit der Bildung der Provisorischen Regierung in Petrograd entstanden in vielen Städten „Sowjets" der Arbeiter und Soldaten und auf dem Lande Bauern-Sowjets, die vielfach an die Stelle lokaler Staatsorgane traten. Lenin sprach daher von einer „Doppelherrschaft".

Da Lenin offen für eine Beendigung des Krieges auch bei Hinnahme einer Niederlage Rußlands eintrat, hatte die deutsche Reichsregierung durchaus ein Interesse daran, daß Lenin nach Rußland gelangen konnte. Sie übernahm es daher, Lenin zusammen mit anderen Bolschewiki im „plombierten Zug" durch deutsches Gebiet nach Petrograd zu befördern, wo er am 16. April eintraf, von Anhängern und offiziellen Vertretern freudig begrüßt. Schon am nächsten Tag legte er seine „Aprilthesen" vor, die unter anderem die sofortige Beendigung des Krieges und die Verteilung des Landes der Großgrundbesitzer an die Bauern forderten. Die Provisorische Regierung sei sofort zu bekämpfen und die Losung „Alle Macht den Sowjets" zu verkünden. Auch wenn in den Sowjets fast überall die Sozialrevolutionäre die Mehrheit hatten, hoffte Lenin durch energisches Eintreten für die populäre Forderung nach Friedensschluß und Landverteilung diese Verhältnisse bald zugunsten seiner Partei ändern zu können. Und nachdem die Menschewiki und die Sozialrevolutionäre in die Regierung eingetreten waren, ohne konkrete Schritte zur Beendigung des Krieges oder zur Durchführung der Agrarreform zu unternehmen, gewannen die Bolschewiki mehr und mehr Einfluß.

Im Juli schlug ein erster Aufstand fehl, und in der Folge wurde gegen führende Bolschewiki Anklage erhoben. Lenin, der sich der Verhaftung durch die Flucht nach Finnland entziehen konnte, forderte seine Parteifreunde immer wieder dazu auf, die Revolution voranzutreiben. An der Kriegsfront scheiterte unter dem letzten Ministerpräsidenten Kerenski die russische Offensive, und als im September der zaristische General Kornilow gegen die Provisorische Regierung putschte, wurde er auch von den Bolschewiki bekämpft. Damit gewannen sie abermals Einfluß.

Anfang November kehrt Lenin heimlich nach Petrograd zurück. Angeblich hat er vom Smolny-Palais aus den Aufstand des 7. November (Oktoberrevolution*) geleitet. Der Panzerkreuzer Aurora gibt durch einen Schuß das Zeichen zum Sturm auf den Winterpalast, in dem die Provisorische Regierung verhaftet wird. Nur der Ministerpräsident Kerenskij kann fliehen und sucht vergeblich außerhalb Petrograds Truppen für den Kampf gegen die Bolschewiki zu gewinnen.

Auf dem „Zweiten Allrussischen Kongreß der Sowjets der Arbeiter- und Soldatendeputierten" wird eine „Arbeiter- und Bauernregierung" gebildet und Lenin zum Vorsitzenden des „Rats der Volkskommissare" gewählt (Ministerrat). Ein Aufruf an alle Staaten schlägt die sofortige Beendigung des Krieges ohne Annexionen und Reparationen vor. Dekrete über Grund und Boden und „Arbeiterkontrolle" über die Betriebe werden erlassen. Am 15. Dezember wird ein Waffenstillstand mit den Mittelmächten vereinbart.

Aus dem geächteten und verfolgten Lenin war über Nacht der mächtigste Mann des neuen Rußland geworden. Lenin selbst war von der Geschwindigkeit des Wandels überrascht: „Es schwindelt einem", sagte er zu einem Genossen (deutsche Worte gebrauchend). Am 23. Dezember war eine linke Abspaltung der Sozialrevolutionäre der Regierung beigetreten. Zu Recht meinten diese Politiker, Lenin habe ja ihr Agrar-Programm verwirklicht, was Lenin selbst keineswegs bestritt. Wie im-

* Nach dem damals in Rußland geltenden Kalender fand die Revolution am 25. Oktober statt.

mer sah er in erster Linie die Notwendigkeit der Erringung und Behauptung der Macht.

Die Wahlen zur konstituierenden Nationalversammlung hatten jedoch ein Parlament mit einer nichtbolschewistischen Mehrheit erbracht, das nicht bereit war, die Oktoberrevolution zu legalisieren. Lenin ließ daher das Parlament schon am zweiten Tag nach seinem Zusammentreten (am 19.1.1918) wieder auflösen. Seine Begründung war, es repräsentiere nicht mehr die Mehrheitsmeinung im Lande. Ganz abgesehen davon, entsprach ein Parlament westlichen Typs nicht Lenins Vorstellung der neuen, der „Räte-Demokratie". Die Sowjets sollten zugleich gesetzgebend und ausführend sein. Die Gewaltenteilung zwischen Legislative und Exekutive lehnte er ab.

Die Friedensbedingungen, die dem neuen Rußland in Brest-Litowsk von den Mittelmächten aufgenötigt wurden, waren hart, so hart, daß die meisten Volkskommissare sie ablehnen wollten. Lenin setzte ihre Annahme mit dem Hinweis durch, die vom Lande stammenden Soldaten hätten längst „mit den Füßen abgestimmt", indem sie desertiert seien. Am 3. März 1918 wurde der Friedensvertrag unterzeichnet. Deutsche Truppen besetzten daraufhin die ganze Ukraine und schnitten somit das nördliche Staatsgebiet von den Agrarprodukten, der Kohle und dem Erdöl des Südens ab.

Leo Trotzki, der im Mai 1917 aus dem amerikanischen Exil heimgekehrt war, schloß sich mit seiner Gruppe Lenin an und war in der Folge zunächst als Volkskommissar für Auswärtiges und dann vor allem als Volksredner und Organisator der Roten Armee für den Erfolg der Revolution aktiv. Die linken Sozialrevolutionäre traten allerdings aus Protest gegen die Annahme der Friedensbedingungen aus der Koalition wieder aus. Lenin war noch immer der Verleumdung ausgesetzt, er sei ein „bezahlter Agent der Deutschen".

Lenins Vorstellungen von der Organisation der Wirtschaft waren relativ gemäßigt. Er dachte keineswegs sofort an eine allgemeine Vergesellschaftung der Produktion, sondern wollte sich mit einer „Arbeiterkontrolle" in den Betrieben begnügen, deren Leiter (Eigentümer oder Direktoren) ausdrücklich aufgefordert wurden, auf ihren Posten zu bleiben. In der allgemeinen Unordnung und der ersten Begeisterung der Revolution waren die Arbeiter jedoch nicht bereit, sich mit dieser halben Maßnahme zu begnügen. Sie übernahmen die meisten Betriebe in die eigene Regie, chaotisch und ineffizient. Nach dem Vorbild der von Walther Rathenau organisierten deutschen Kriegsplanwirtschaft versuchte Lenin die Produktion zu lenken. Er war jedoch genötigt, die spontan vorgenommenen Vergesellschaftungen der Industrie zu legalisieren. Mit der Verstaatlichung der Banken, des Außenhandels und der Zwangsvereinigung der Industrien in Fachverbände sollte zwar nicht der Sozialismus, aber eine politische Leitung und Lenkung der Gesellschaft durch die Bolschewiki (bzw. die Sowjets, in denen die Bolschewiki tonangebend sein würden) erreicht werden.

Als im Mai 1918 die tschechische Legion in der russischen Armee sich gegen die Bolschewiki erhob, brach der Bürgerkrieg aus, der zwei Jahre lang das Land verwüsten sollte. Jetzt wurde auch der staatliche Terror durch die schon 1917 gegründete neue politische Polizei, die Tscheka, verstärkt. Felix Dserschinski baute diesen Apparat im Auftrag Lenins auf und stattete ihn mit unumschränkten Vollmachten aus. Die Tscheka verhaftete, verurteilte und bestrafte ohne jede Mitwirkung anderer Organe. Die von den Bolschewiki theoretisch bekämpfte Todesstrafe wurde wieder eingeführt. Im zweiten Halbjahr 1918 wurden – nach Angaben des ZK-Mitglieds Martin Lacis – 6000 Personen hingerichtet. Die Zahl der von lokalen Komitees Getöteten ist dabei nicht einbezogen. Am 16. Juli 1918 wird in Jekaterinburg (heute Swerdlowsk) der Zar mit seiner Familie und einigen Bedienten umgebracht. Die ersten Konzentrationslager („Arbeitslager") entstanden. Nach dem Friedensschluß der Sowjets mit den Mittelmächten wurden zaristische Generäle wie Denikin, Koltschak, Krasnow, Judenitsch und Wrangel in ihrem Kampf gegen die sowjetische Regierung von westlichen Alliierten unterstützt. Englische, französische, amerikanische und japanische Truppen drangen ins Land ein. Aber weder die zaristischen Generäle noch die Alliierten hatten koordinierte Pläne, vor allem besaßen sie keine gemeinsamen politischen Ziele, so daß ihre Anstrengungen schließlich erfolglos blieben.

Um die nichtrussischen Völker des Reiches für die Revolution zu gewinnen, hatte Lenin den Völkerschaften kulturelle Autonomie und sogar das Recht auf Loslösung vom Staatsverband versprochen. Gestützt auf deutsche und später auf alliierte militärische Macht gelang es Finnland, den baltischen Randstaaten und Polen, die Unabhängigkeit zu erlangen. Georgien und andere südrussische Gebiete wurden gewaltsam an der Aufrechterhaltung ihrer Autonomie gehindert. Das brutale Vorgehen Stalins und Ordschonikidses gegen die autonome georgische Republik wurde nachträglich von Lenin scharf kritisiert.

Praktisch wurde die Zulassung nationaler Autonomiebestrebungen durch die straffe zentralistische Leitung der KPR (so nennt sich seit März 1918 die Partei Lenins) entwertet. Da überall die autoritäre Partei ausschlaggebend war, konnten sich Autonomiebestrebungen nicht durchsetzen, sie wurden als reaktionär-bürgerlich-nationalistisch denunziert und bekämpft.

Während des Bürgerkrieges wurde die Versorgung der Roten Armee und der Städte durch Zwangsabgaben von der bäuerlichen Bevölkerung bewerkstelligt – zum erheblichen Teil aber auch durch Schwarzhandel. Die Bauern, die der neuen Regierung ihr Land verdankten, waren bereit, diese Lage hinzunehmen, zumal die „Weißen“ die Wiederherstellung der alten Eigentumsverhältnisse anstrebten und den Bauern nichts bieten konnten. Wie schon während der ersten Phase der Revolution konnte sich die Partei Lenins auch im Bürgerkrieg nur aufgrund ihrer Agrarpolitik behaupten.

Nachdem General Wrangel im November 1920 die Krim geräumt hatte, war der Bürgerkrieg im wesentlichen beendet. Angesichts der Hungersnot in den Städten und der Beschlagnahme der Agrarprodukte (zuweilen auch des Saatgutes) auf dem Lande herrschte im gesamten „befreiten“ Gebiet große Unzufriedenheit. Im März 1921 erhoben sich die Arbeiter und Soldaten der Insel Kronstadt – vor Petrograd – gegen die bolschewistische Herrschaft. Ihre Losung „Sowjets ohne Bolschewiki“ und die Forderung nach Wiederzulassung aller inzwischen verbotenen Parteien – der Sozialrevolutionäre wie der Menschewiki – und Freilassung der politischen Gefangenen entsprachen den Wünschen großer Teile der Bevölkerung. Der Aufstand wurde von der Roten Armee blutig niedergeworfen. Viele empfanden das als den „Sündenfall“ der revolutionären Bewegung.

Auf dem X. Parteitag der KPR, der gleichzeitig stattfand, proklamierte Lenin die Einführung der „Neuen Ökonomischen Politik“ (NEP) und das Verbot von Fraktionsbildungen innerhalb der Partei. Damit wurde vor allem auch die „Arbeiteropposition“ unterdrückt, die den Wunsch nach realer Mitbestimmung und fühlbarer Verbesserung der Lebensverhältnisse der Industriearbeiter artikuliert hatte.

Die wirtschaftliche Lage der Sowjetunion war 1921 verzweifelt. Das System der Zwangsablieferung konnte die Versorgung der städtischen Bevölkerung nicht mehr sicherstellen. Die Bauern wehrten sich gegen die Beschlagnahmungen, die Arbeiter fühlten sich um die revolutionären Errungenschaften betrogen. Die Gewerkschafter kämpften vergeblich gegen die Staats- und Parteibürokratie, die ihnen alle Möglichkeiten der Durchsetzung besserer Lohn- und Arbeitsbedingungen beschnitt. In dieser Situation riß Lenin das Steuer der Wirtschaftspolitik um 180 Grad herum. An die Stelle des „Kriegskommunismus“ der Zeit des Bürgerkriegs, der sich zwar spontan entwickelt hatte, aber von der Regierung legalisiert worden war, trat eine Periode der Wiederherstellung der Märkte, der Konzessionen an unternehmerische Initiativen und des Außenhandels mit den kapitalistischen Ländern. Die Hoffnungen, die Lenin auf eine Revolution in den Demokratien des Westens gesetzt hatte, hatten sich nicht erfüllt. Die Räteregierungen in Ungarn und Bayern waren gescheitert. Überall standen sich jetzt stärkere sozialdemokratische und meist kleinere kommunistische Parteien gegenüber. Die Faszination, die anfangs von der Oktoberrevolution ausgegangen war, ging verloren. Lenin sprach offen von einem strategischen Rückzug. Das Wirtschaftssystem, das er mit der Neuen Ökonomischen Politik einführte, nannte er mit einem irreführenden Ausdruck „Staatskapitalismus". Während Agrarproduktion, Handel und Handwerk von selbständigen Betrieben übernommen wurden, deren Beziehungen sich über Märkte regelten, verfügte der von der Sowjetregierung beherrschte Staat über die „Kommandohöhen" der Wirtschaft: das verstaatlichte Bankensystem, den Außenhandel, das Verkehrswesen und die Großindustrie. Der Konzession für Märkte und ausländische Investoren (die sich freilich in weit geringerem Maße anlocken ließen, als Lenin erhofft hatte) stand eine weitere Straffung der politischen Leitung gegenüber.

Während seiner letzten Lebensjahre war Lenin zunehmend resigniert hinsichtlich der weiteren Entwicklung des Landes. Er konstatierte bestürzt die wachsende Bürokratisierung und die Unbeweglichkeit der Bürokraten. Auf dem XI. Parteitag im März 1922 warnte Lenin nachdrücklich vor dieser Entwicklung. In seiner Schrift „Lieber weniger, aber besser" und in seinem „Testament" (Brief an den Parteitag) kritisierte er das Erreichte. Der Ausbau einer „Arbeiter- und Bauernkontrolle" über den Apparat schien ihm einen Ausweg zu bieten. In einem Brief an einen Parteifreund meinte er, eine gesamtgesellschaftliche Planung würde die Sowjetunion in ein „bürokratisches Utopia" verwandeln. Lenins Kritik der Bürokratie blieb aber insofern oberflächlich, als er zwar das bürokratische Verhalten, den „Amtsschimmel", verurteilte, nicht aber bereit war, durchschlagende Gegenmittel – wie demokratische Kontrollen von unten und freie Pressekritik – zu akzeptieren. Auch die „Arbeiter- und Bauernkontrolle" stellte nur eine weitere Bürokratie dar.

Im Mai und im Dezember 1922 erlitt Lenin Schlaganfälle, von denen er sich Anfang 1923 noch einmal erholte. In seinem Brief an die Partei, der erst nach seinem Tod geöffnet werden sollte, warnte er vor Stalin, der am 3.4.1922 zum Generalsekretär der KPdSU gewählt worden war. Er müsse unbedingt durch einen anderen Genossen ersetzt werden, der rücksichtsvoller und sensibler wäre. Von seinem dritten Schlaganfall im März 1923 sollte Lenin sich nicht mehr richtig erholen, am 21. Januar 1924 starb er in Gorki bei Moskau, wo er sich während der letzten Jahre erholt hatte. Einen Tag darauf übernahm die „Troika" Sinowjew, Kamenew und Stalin die Macht.

Der Leichnam Lenins wurde einbalsamiert und in ein eigens für ihn errichtetes Mausoleum überführt. Leo Trotzki bemerkte später, „mit der einbalsamierten Leiche kämpfte man gegen den lebendigen Lenin". Der Kampf um die richtige Interpretation Lenins und sein Erbe entbrannte. Stalin sollte es gelingen, seine Deutung als „Leninismus" zu kanonisieren.

„Dreht die Gewehre um!“

Regierungstreue Truppen schlagen im Juli 1917 auf dem Newskij-Prospekt in Petrograd den Aufstand der Arbeiter gegen die bürgerliche Provisorische Regierung der Menschewiken und Sozialrevolutionäre blutig nieder. Kriegsminister Alexander Kerenskij (rechts) wollte den aussichtslosen Krieg gegen die Mittelmächte mit allen Mitteln fortsetzen. Lenin, Führer der bolschewikischen Partei, hatte die Parole ausgegeben: „Dreht die Gewehre um, verwandelt den Weltkrieg in einen Weltbürgerkrieg!“

Der Zar am Ende – die Revolution beginnt

Zar Nikolaus II. wurde bereits im März 1917 nach Massenstreiks in den Großstädten und Meutereien an der Front vom Thron gefegt und mit seiner Familie in Zarskoje Selo unter Hausarrest gestellt (links: mit Großfürstin Tatjana und Gräfin Nastja bei Gartenarbeiten). Er galt als der totalitärste Herrscher Europas. Mit seiner brutalen Willkür bereitete er den Nährboden für die kommunistische Revolution Lenins, die dieser — ein gelehriger Schüler von Marx — ursprünglich im hochindustrialisierten Deutschland auslösen wollte. Der Märzaufstand (Februar-Revolution nach altem russischen Kalender) in Rußland kommt für den unter ärmlichsten Verhältnissen im Schweizer Exil lebenden Lenin noch völlig unvorbereitet. In Petrograd wird unter Beteiligung gemäßigter Sozialisten (Menschewiken) eine provisorische Regierung gebildet, die ihre Macht mit den in Betrieben und Garnisonen gewählten Sowjets (Räte) teilen muß.

„Alle Macht den Sowjets!“

Lenin fordert nach seiner Heimkehr aus dem Schweizer Exil Arbeiter und Soldaten in Petrograd zum bewaffneten Aufstand auf: „Alle Macht den Sowjets!“ (Rechts neben dem Rednerpodest Trotzki). Der 47jährige Rechtsanwalt, der „mit hoher Stimme und der Geschwindigkeit eines Maschinengewehrs redet“, verspricht den kriegsmüden Massen „Frieden, Land und Brot“. Die deutsche Reichsleitung sah in dem bolschewikischen Revolutionär die Chance, den inneren Zerfall Rußlands zu beschleunigen, um ihr Ostheer an der Westfront einsetzen zu können, zum „Sieg in letzter Stunde“. Sie arrangierte Lenins Heimreise im verschlossenen Waggon quer durch Deutschland. Am 16. April 1917 traf er in Petrograd ein. Die deutsche Abwehr kabelte nac Berlin: „Lenins Eintritt in Rußland geglückt. Er arbeitet völlig nach Wunsch.

Der Sturm auf das Winterpalais

In der Nacht zum 7. November 1917 (25. Oktober nach russischem Kalender) gibt Lenin, der nach der gescheiterten Juli-Rebellion in die Illegalität untergetaucht war, den Befehl zum entscheidenden Aufstand. Ein Schuß des Panzerkreuzers „Aurora" ist das verabredete Signal zum Sturm auf das Winterpalais (Foto), wo sich Kerenskij mit seiner Provisorischen Regierung verschanzt hat. Die Minister werden gefangengenommen, Kerenskij kann fliehen. Bereits am Morgen haben die Bolschewiken unter dem Kommando von Leo Trotzki alle wichtigen Plätze in Petrograd besetzt. Um 22 Uhr verkündet Lenin die Machtübernahme, die „Große Revolution" ist vollzogen. Tags darauf wird die erste bolschewikische Regierung gebildet: Vorsitzender im Rat der Volkskommissare wird Lenin; Trotzki übernimmt das Kommissariat für Auswärtiges; für Stalin fällt das Kommissariat für Nationalitätenfragen ab. – Die Authentizität dieses Fotos ist umstritten. Wahrscheinlich entstand es erst später bei Filmaufnahmen.

16

„Es lebe die Weltrevolution!“

Wie eine Lawine wälzt sich die Revolution von der alten Zarenhauptstadt über das ganze Land. Bunt zusammengewürfelte Rote Garden, abenteuerlich bewaffnet, sichern die fast ohne Blutvergießen errungene Macht, die formal auf den Allrussischen Sowjetkongreß übergeht („Alle Macht den Sowjets!“). Lenin fordert sofortige Friedensverhandlungen, ordnet die entschädigungslose Enteignung der Gutsbesitzer an und proklamiert das „Selbstbestimmungsrecht der Völker Europas“ einschließlich des Rechts auf selbständige Staatsbildung. Seine Rede schließt er mit dem Ruf: „Es lebe die sozialistische Weltrevolution!“ Aber noch ist sein Sieg gefährdet. Die gestürzten Machthaber holen zum Gegenschlag aus. Deshalb will Lenin Waffenstillstand mit den Deutschen. Er braucht die Atempause an der Front, um mit den Feinden im Innern fertig zu werden.

Friedensverhandlungen in Brest-Litowsk

Dezember 1917: Eine sowjetische Delegation wird von den Chefs des deutschen Ostheeres zu Friedensverhandlungen in Brest-Litowsk begrüßt. Bereits seit Beginn des Monats herrscht Waffenruhe an der Front, deutsche und russische Soldaten verbrüdern sich. Die kaiserliche Regierung in Berlin will die „vielleicht kurze Regierungszeit der Roten nutzen, um im Osten schnell zum Frieden zu kommen". Alles hängt am seidenen Faden: Bei den Wahlen zur verfassunggebenden Versammlung erleiden die Bolschewiken eine schwere Niederlage, sie erhalten nur 25 Prozent der Stimmen. Gleich am ersten Sitzungstag lehnen die Abgeordneten den Machtanspruch Lenins ab. Rote Garden lösen das Parlament gewaltsam auf, verhaften die meisten Abgeordneten und töten mehr als hundert Demonstranten auf den Straßen Petrograds. Lenin proklamiert die Diktatur des Proletariats: „Die Liquidation der Demokratie zugunsten der Diktatur wird eine heilsame Lehre sein!" Das Grundmuster kommunistischer Machtergreifung ist gelegt.

In Kiel meutern die Matrosen – Auftakt für die deutsche Revolution

Der Friedensvertrag mit den Sowjets nutzt dem Deutschen Kaiserreich nichts mehr. Die Front im Westen bricht zusammen. Ende Oktober 1918 meutern Matrosen in Wilhelmshaven und Kiel. Im Auftrag der Reichsregierung spricht der Sozialdemokrat Gustav Noske zu den Aufständischen, um die Revolution von links zu ersticken. Kaiser Wilhelm II. flieht nach Holland. Arbeiter- und Soldatenräte übernehmen in vielen Städten die Macht. Die Bolschewiken in Rußland glauben, nun sei die eigentliche Weltrevolution ausgebrochen. Lenins Überzeugung war immer gewesen: „Wenn wir uns für die deutsche Revolution aufopfern müßten, dann wäre das unsere Pflicht. Sie ist unermeßlich wichtiger als die unsrige.“

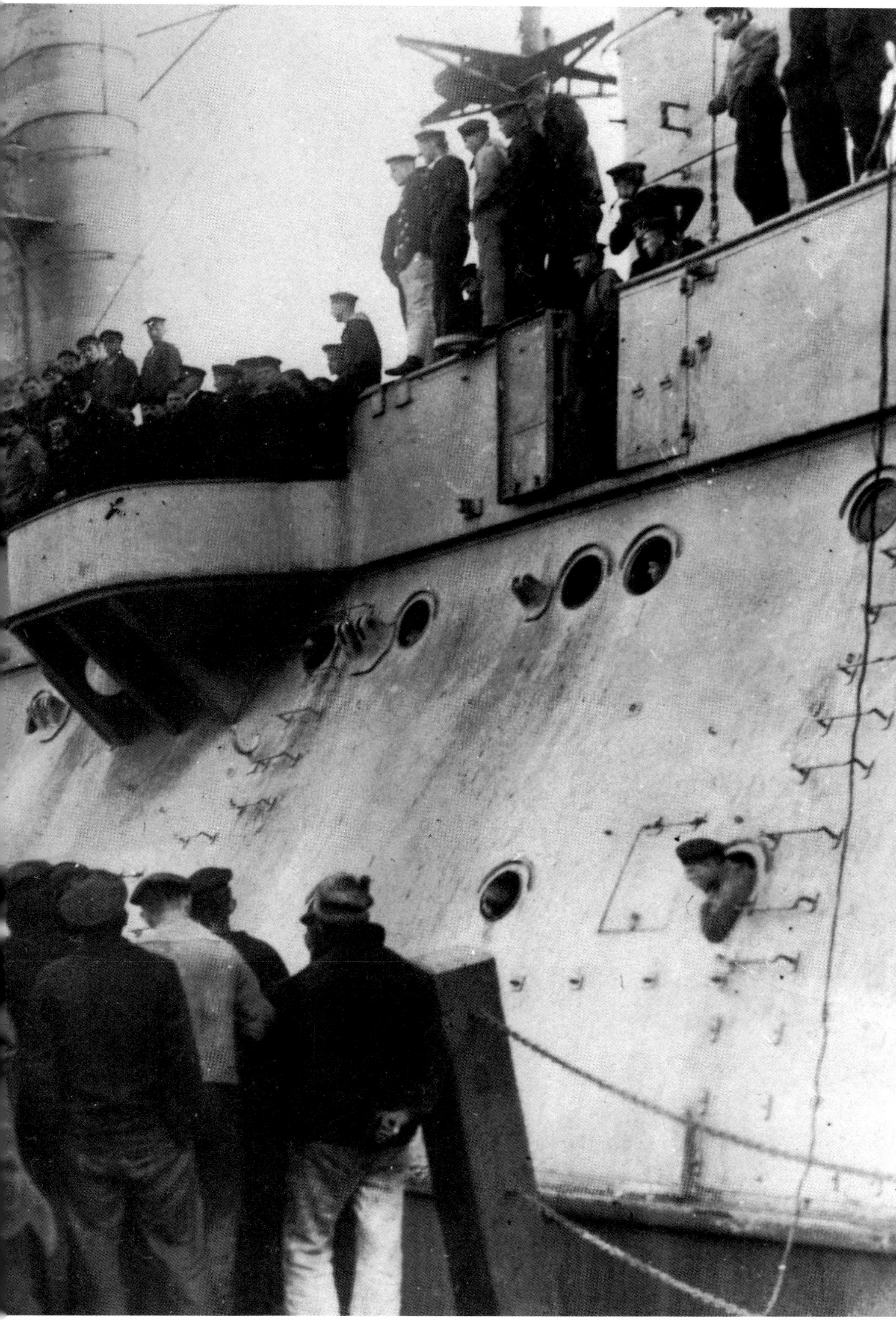

Der Spartakisten-Aufstand

Unter den Linden in Berlin bringen Spartakisten Maschinengewehre in Stellung. Wochenlang toben Straßenkämpfe im ganzen Reich. Der unter Führung von Karl Liebknecht (kleines Foto) und Rosa Luxemburg agierende linksradikale Spartakusbund hat die Arbeiter zum bewaffneten Aufstand gegen die „Verräter“-Regierung Ebert aufgerufen. Der Sozialdemokrat Ebert, für den Revolution Zerstörung und Bolschewismus bedeutet, will die alte bürgerliche Ordnung ohne Monarchie. Ende 1918 gründen Luxemburg und Liebknecht die Kommunistische Partei Deutschlands (KPD). Kurz darauf werden sie in Berlin ermordet. Regierungstruppen schlagen die Aufstände blutig nieder.

Die Kämpfe fordern mehr als 1200 Tote. Lenin erklärt: „Wir haben die Zeit bis zur Weltrevolution falsch bemessen. Frühestens in zehn Jahren wird es vielleicht so weit sein.“

„Wer zurückweicht, wird erschossen!“

Lenins Ehefrau Nadja Krupskaja peitscht Rotgardisten zum Widerstand gegen die „Weißen“ auf. Im Sommer 1918 bricht überall in Rußland der Bürgerkrieg los. Die „weißen“ Truppen, angeführt von Zarenoffizieren, Adligen und oppositionellen Politikern, blasen zum Angriff auf die roten Machthaber, die inzwischen ihren Regierungssitz von Petrograd nach Moskau verlegt haben. Unterstützt werden die Gegenrevolutionäre von den Entente-Mächten: Im Norden landen englische, im Fernen Osten japanische und amerikanische, im Süden französische Truppen. Als sich weiße Angreifer Jekaterinburg nähern, ermorden die bolschewikischen Bewacher in der Nacht zum 17. Juli den dort gefangengehaltenen Zaren und seine Familie.

„Die Partei muß sich ständig säubern!“

Im Säulensaal des Gewerkschaftshauses in Moskau tagt das Präsidium des Allrussischen Kongresses. Neben Lenin sitzen Trotzki (links) und das ZK-Mitglied J.M. Swerdlow (rechts) (nach dessen Tod Jekaterinburg in Swerdlowsk umbenannt wird). Lenin, der geniale Machtpolitiker, hat den Apparat der Partei, die sich seit März 1918 Kommunistische Partei Rußlands (KPR) nennt, straff organisiert. Er verlangt eiserne Disziplin. Schon 1902 hatte er in seinem Pamphlet „Was tun?“ postuliert: „Eine Partei wird stärker, wenn sie sich ständig säubert.“ Allein 1919 werden mehr als 130 000 Mitglieder ausgeschlossen. Rücksichtslos wird trotz aller Bedrohungen – Versorgungskrise, Bürgerkrieg, Widerstand gegen Enteignung und Verstaatlichung – die Alleinherrschaft durchgesetzt und die Diktatur der Partei zum obersten Gebot erhoben: Wer nicht für uns ist, ist gegen uns! Das Zentralkomitee (ZK) beruft im März 1919 erstmals ein fünfköpfiges Politbüro, dem Lenin, Trotzki, Kamenew, Stalin und Krestinski angehören. In diesem zentralen Führungsgremium der Partei ist Lenin der überlegene Kopf.

СВОБОДНЫЙ ТРУД
В КРУПНЫХ
КОЛЛЕКТИВНЫХ
ХОЗЯЙСТВАХ-
-ПУТЬ
К КОММУНИЗМУ
В ЗЕМЛЕДЕЛИИ

L

Der Regisseur des Terrors

Felix Dserschinski, Chef der bereits Ende 1917 gegründeten Geheimpolizei „Tscheka", ist der gefürchtetste Mann in der jungen Sowjetrepublik. Seine Aufgabe beschrieb er so: „Die Tscheka muß die Revolution verteidigen, auch wenn das Schwert manchmal auf das Haupt Unschuldiger fällt." Zunächst wütet die Tscheka nur unter nichtbolschewikischen Gegnern, bald aber räumt sie auch in der eigenen Partei auf. Die Brandmarkung als „Abweichler", „Volksfeind" oder „Konterrevolutionär" bedeutete später oft Exekution. Als der Sowjetkongreß im ersten Überschwang der geglückten Revolution die Todesstrafe abschafft, erzwingt Lenin wütend ihre heimliche Wiedereinführung: „Das ist Wahnsinn – wie sollen wir die Revolution ohne Erschießungen durchführen?" Ein Dekret „Über den roten Terror" (als Mittel der Machterhaltung) befiehlt der Tscheka, Erschießungen ohne gerichtliches Verfahren an Ort und Stelle vorzunehmen. Unter Lenins Herrschaft von 1917 bis 1923 werden 1,7 Millionen „Klassenfeinde" liquidiert.

Trotzki baut die Rote Armee auf

Kriegskommissar Leo Trotzki stampft im Sommer 1918 in einem Gewaltakt ohnegleichen die Rote Armee aus dem Boden. Zugleich mit den weißen Truppen und den Divisionen der Entente haben sich, trotz des Friedensvertrages von Brest-Litowsk, auch die deutschen Ostarmeen wieder in Marsch gesetzt. Trotzki formiert direkt an der Front aus zwangsrekrutierten Bauern, mobilisierten Arbeitertrupps und „angstschlotternden" Flüchtlingen Kompanien, Bataillone, Regimenter. „Gebt mir dreitausend Deserteure", fordert er, „ich gebe ihnen einen erfahrenen Kommandeur und einen guten Kommissar – und in vier Wochen wird daraus eine Elitetruppe." Selbst hohe deutsche Offiziere gestehen später, als die Rote Armee im Bürgerkrieg die Oberhand gewinnt, ihre Bewunderung für die Leistung des „genialen militärischen Improvisateurs".

Deutsche Truppen in der Ukraine

Sommer 1918: Deutsche Truppen kontrollieren die Straßen von Kiew, um die von ihnen abhängige Regierung der „Rada" zu sichern. Anfang 1918 hatte sich in der Ukraine eine provisorische Regierung gebildet, die nach der Oktoberrevolution die Anerkennung des bolschewistischen Rates der Volkskommissare verweigerte, offen eine Loslösung von Rußland propagierte und im Februar einen Sonderfrieden mit den Mittelmächten abschloß, gegen den Rußland heftig protestierte. Zu diesem Zeitpunkt lief bereits eine erfolgreiche bolschewistische Offensive in der Ukraine, und erst der erneute Vorstoß der deutschen Truppen auf Petersburg zu, der die militärische Ohnmacht Rußlands nach der Revolution deutlich aufzeigte, führte zur Kapitulation der Sowjetregierung und der Unterzeichnung des Friedens von Brest-Litowsk am 3. März 1918: Rußland war gezwungen, die Ukraine zu räumen und auf Finnland, Estland, Livland, Litauen und die polnischen Provinzen zu verzichten.

Die deutsche Armee richtet 16 Bolschewiken hin

In Dnjepropetrowsk werden 16 Bolschewiken gehängt, die dem deutschen Einmarsch in die Ukraine Widerstand geleistet haben. Aber weder die Deutschen noch die Entente-Mächte, die nach dem Ende des Krieges mit Deutschland allmählich das Interesse an der russischen Gegenrevolution verlieren, können die Konsolidierung der Sowjetrepublik aufhalten. Trotzkis Rote Armee, inzwischen fünf Millionen Mann stark, befreit das Land aus der tödlichen Umklammerung. Die Weißen werden an allen Fronten geschlagen. Bei der Verteidigung von Zarizyn, dem späteren Stalingrad, tut sich Stalin als Politkommissar der 14. Armee hervor. Nach der blutigen Niederschlagung eines Aufstandes von 16 000 meuternden Matrosen in Kronstadt durch den ju gen Kommandeu Michail Tuchatschewski ist im M 1921 der dreijährig Bürgerkrieg beend

Die Macht gesichert, das Land ruiniert

1921 ist Lenin auf dem Höhepunkt seiner Macht. Die im Bürgerkrieg siegreiche Rote Armee, hier bei einem Appell auf dem Roten Platz in Moskau, ist ihm treu ergeben. Auf dem X. Parteitag festigt er die Stellung der KPR: Fraktionsbildungen werden verboten, die Gewerkschaften der Partei untergeordnet. Schon ein Jahr zuvor, nach dem Scheitern der deutschen Revolution, hat Lenin auf dem zweiten Komintern-Kongreß in Petrograd die 37 vertretenen kommunistischen Parteien anderer Länder auf das bolschewistische Vorbild verpflichtet. Mit Deutschland, England und Persien w[…] den Handelsverträg[…] abgeschlossen – d[…] die wirtschaftliche […]tuation im Lande i[…] katastrophal. Die Brotrationen werde[…]

ein Drittel ge-
zt, Fabriken müs-
wegen Brennstoff-
ngel schließen, das
kehrswesen ist zu-
ımengebrochen.
ei Millionen Rus-
sen sind in den We-
sten geflüchtet, allein
600 000 nach
Deutschland.

„Helft uns, wir verhungern!"

Hungernde Kinder warten in Saratow an der Wolga auf einen Teller Suppe. Krieg und Bürgerkrieg haben das Land zerrüttet. Es gibt praktisch keine Lebensmittelvorräte mehr, die Bauern boykottieren die verordnete Ablieferungspflicht, die wochenlange Dürre im Sommer 1921 vernichtet die Ernte. Millionen Russen fallen der Hungerkatastrophe zum Opfer. Lenin appelliert an die Arbeiter der Industrienationen, ihnen zu helfen. Der Völkerbund lehnt jede Hilfe ab: Die Hungersnot sei durch die schlechte sowjetische Wirtschaftspolitik selbstverschuldet. In Westeuropa erwartet man das baldige Ende des kommunistischen „Experiments".

Die Bauern werden umworben

Etwas hilflos läßt sich ein Bauern-Delegierter von Gewerkschaftsfunktionären auf einem Kongreß 1922 in Moskau präsentieren. Vier Fünftel der Bevölkerung leben auf dem Lande, und seit der Versorgungskrise werden die Bauern besonders umworben. Lenin sucht nicht mehr ausschließlich Rat in den Schriften von Marx. Er lockert die in der Zeit des „Kriegskommunismus" von 1918 bis 1921 getroffenen radikalen Umgestaltungsmaßnahmen (der Staat als alleiniger Produzent und Verteiler von Gütern) und leitet eine teilweise Rückkehr zu kapitalistischen Wirtschaftsmethoden ein. Mit seiner „Neuen Ökonomischen Politik" (NEP) gelingt es Lenin, die Lage zu stabilisieren. Eine ideologische Verrenkung ohnegleichen, wie M. A. Larin, Chef der Staatsplanungs-Kommission, zugibt: „Die NEP ist eine bürgerliche Perversion des Kommunismus, ein taktisches Rückzugsmanöver, um der Arbeiterklasse das Ausharren zu ermöglichen."

кой Куб. Округа

Deutsche und Russen verbünden sich in Rapallo

Rapallo, Ostersonntag 1922: Heimlich treffen sich der deutsche Reichskanzler Wirth (2. v. l.) und der sowjetische Außenminister Tschitscherin (2. v. r.) in dem kleinen Badeort bei Genua. Sie schließen einen Sondervertrag ab, mit dem sie ihre außenpolitische Isolation bzw. Ächtung überwinden: Aufnahme diplomatischer Beziehungen, Verzicht auf Gebietsansprüche und Reparationen, wirtschaftliche Zusammenarbeit, politische Konsultationen. Die Siegermächte und Neutralen, die zu einer Weltwirtschaftskonferenz in Genua geladen haben, sind wie vom Donner gerührt. Sie fühlen sich von den beiden Verlierern des Weltkrieges ausgetrickst und reisen verärgert ab. Geschickt hat Lenin die drohende kapitalistische Einheitsfront gegen die Sowjetunion mit Hilfe der durch den Versailler Vertrag gedemütigten Deutschen aufgebrochen. Seither ist Rapallo für die westliche Welt ein Trauma, ein Synonym dafür, daß sich sehr wohl ein antikommunistisches Deutschland mit einem kommunistischen Rußland verbünden kann.

Die Süd-Republiken werden dem Sowjetreich einverleibt

In Samarkand, der Metropole Usbekistans und einer der ältesten Städte Mittelasiens, diskutieren örtliche Parteikommissare mit den Stammesführern der Clans. Der Aufbau des riesigen Sowjetstaates trifft vor allem in den asiatischen Gebieten auf erhebliche Widerstände. Seit Dezember 1922 sind die föderativen sozialistischen Republiken Rußland, Ukraine und Weißrußland sowie Georgien, Armenien und Aserbaidschan (Transkaukasus) zur Union der Sozialistischen Sowjetrepubliken (UdSSR) zusammengeschlossen und werden zentral von Moskau regiert. Die Kommunistische Partei heißt nun KPdSU. Das Staatsgebiet der Sowjetunion umfaßt die Hälfte Europas und fast ein Drittel Asiens. Mit der Bildung der Union ist eine föderative Form geschaffen, die in Verbindung mit der „Weltrevolution" eine Ausweitung der bolschewistischen Herrschaft ohne Annexion ermöglicht. Usbekistan wird 1924 in die Union eingegliedert.

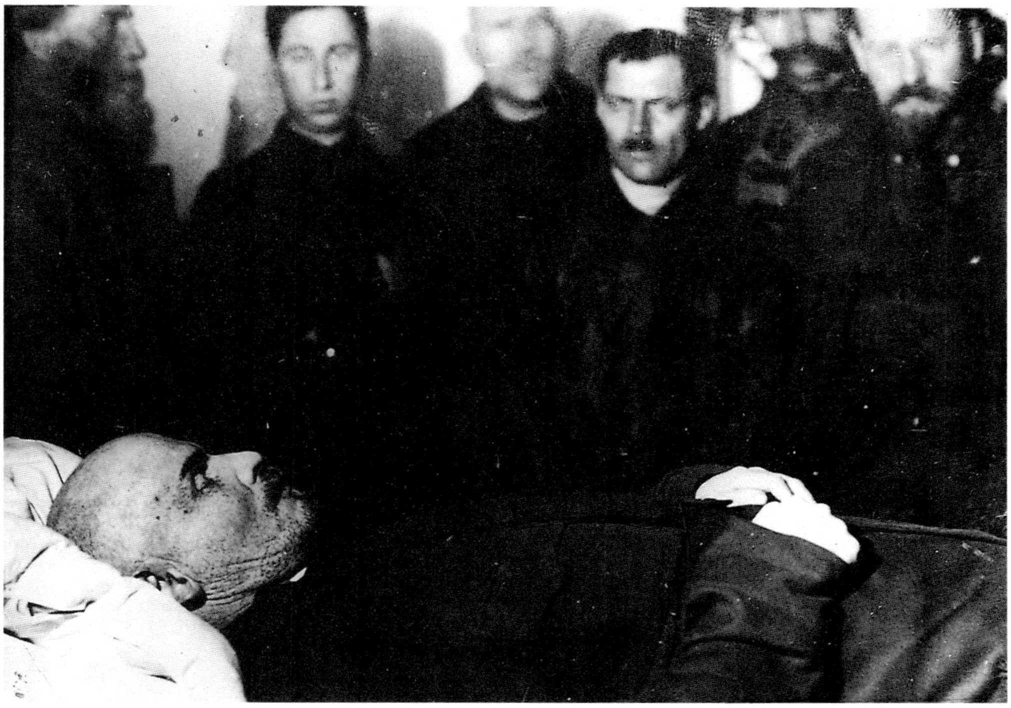

Diesen Nachfolger wollte Lenin nicht

Auf seiner Datscha in Gorki erholt sich Lenin 1918 von den Folgen des Revolverattentats (hier neben Schwester Anna, Ehefrau Krupskaja, Neffen und Nichte). Nach dem dritten Schlaganfall im März 1923 sind rechter Arm und rechtes Bein gelähmt, zeitweise kann er nicht mehr sprechen. In Gorki empfängt er als einen der letzten Besucher Josef Stalin (gr. Foto), der seit April 1922 Generalsekretär der Partei ist und systematisch seine Machtstellung ausbaut. In seinem Testament warnt Lenin vor diesem ungezügelten Apparatschik: „Stalin ist zu grob . . . Ich schlage vor, einen anderen an diese Stelle zu setzen, der toleranter, höflicher und weniger launenhaft ist." Am 21. Januar 1924 stirbt der Gründer des ersten kommunistischen Staates im Alter von 53 Jahren. Mitte: Arbeiter an Lenins Totenbett in Gorki. Unten: Stalin, Kamenew, Tomski, Molotow, Kalinin und Bucharin tragen den Sarg zum Mausoleum auf dem Roten Platz in Moskau.

Stalins Aufstieg zum unumschränkten Alleinherrscher

Von Iring Fetscher

Durch Trotzkis stillschweigende Duldung der Geheimhaltung von Lenins „Testament" gegenüber dem Parteitag, die am 22. Mai 1924 vom ZK beschlossen wurde, waren seine Chancen in der darauf folgenden Auseinandersetzung mit Stalin um die dominierende Rolle in der KPdSU von vornherein beeinträchtigt. In der führenden Partei-„Troika" von Sinowjew, Kamenew und Stalin wurde der Generalsekretär Stalin bald zum ausschlaggebenden Mann. Die Bedeutung des „Vorsitzenden des Rates der Volkskommissare" Rykow – des formellen Nachfolgers von Lenin – ging angesichts der ausschlaggebenden Rolle der Parteiführung immer weiter zurück.

In der Auseinandersetzung um die Führung der Partei und damit des ganzen Landes spielte die Frage der „legitimen" ideologischen Position eine wichtige Rolle. Stalin hielt bereits Anfang April 1924 an der Swerdlow-Universität Vorlesungen „über die Grundlagen des Leninismus". Damit begann er die Dogmatisierung einiger Thesen Lenins und die Fixierung einer „orthodoxen Interpretation" des Leninismus, der im Grunde eine Erfindung Stalins war. Er definierte den Leninismus als „Marxismus der Epoche des Imperialismus und der proletarischen Revolution... der Theorie und Taktik der proletarischen Revolution im allgemeinen, der Theorie und Taktik der Diktatur des Proletariats im besonderen". Auch wenn Stalin schon wenig später mit seiner Theorie von der Möglichkeit des Aufbaus des Sozialismus *in einem Lande* hervortrat und im Grunde alles andere dem Interesse der Festigung der Macht der Sowjetunion und der Parteiführung unterordnete, lag ihm doch daran, den Leninismus zu einem allgemeinverbindlichen Dogma für alle „revolutionären Marxisten" zu machen. Die spezifisch russischen Wurzeln der Leninschen Theorien wurden bewußt verschwiegen.

Hauptgegner und Konkurrent Stalins war in diesen ersten Jahren nach dem Tode Lenins Leo Trotzki, der ihn durch seine Intelligenz und seine rhetorische Begabung in den Schatten stellte, ihm jedoch, was listige Machtpolitik betraf, offenbar unterlegen war. Trotzki war – schon seit der Zeit vor der Oktoberrevolution – überzeugt gewesen, daß eine sozialistische Revolution in Rußland sich nur halten könne, wenn von dieser Initialzündung aus die Weltrevolution beginnt und in einem Prozeß der „permanenten Revolution" die Entwicklung rasch vorangetrieben wird. Zwar hatte Lenin diese Konzeption nicht übernommen, aber auch er war noch lange nach dem Oktober davon ausgegangen, daß „nach dem Sieg des Sozialismus in einem der entwickelten Industriestaaten" des Westens Rußland wieder ein relativ zurückgebliebenes Land sein werde, das von jenen unterstützt wird. Zugleich mit seinem betonten Internationalismus war Trotzki aber auch für ein beschleunigtes Vorantreiben der revolutionären Umgestaltung in der Sowjetunion eingetreten. Stalin konnte ihn daher leicht als Gegner der Neuen Ökonomischen Politik (NEP) hinstellen, die er zunächst – mit Unterstützung der „Rechten" in der Partei, vor allem Nikolai Bucharins – fortzusetzen gedachte.

Während dieser Jahre galt Stalin vielfach auch im Ausland als gemäßigter Politiker, der sich damit begnügen wollte, durch Beibehaltung der Konzessionen an Marktwirtschaft und ausländische Investoren das Land wirtschaftlich voranzubringen. Trotzki bezeichnete ihn später sogar als Repräsentanten eines sowjetischen „Thermidor", als Exponenten der NEP-Bourgeoisie. Trotzkis Buch „Lehren des Oktober“ (1924) griff die Stalinsche These von der Möglichkeit des Aufbaus des Sozialismus in einem Lande an.

Durch seine zentrale Stellung als Generalsekretär gelang es Stalin, Trotzki schrittweise von seinen Machtpositionen zu entfernen. Im Januar 1925 verlor er sein Amt als Volkskommissar für Kriegswesen und wurde durch Frunse abgelöst. Sein neues Amt „Vorsitzender des Komitees für Konzessionen im Obersten Wirtschaftsrat“ band ihn fest an die von ihm eher mit Skepsis betrachtete „Neue Ökonomische Politik“. Immer noch verfügte Trotzki jedoch über zahlreiche Anhänger in der Partei. Er lehnte es aber entschieden ab, durch einen offenen Appell seine Anhänger zu mobilisieren. Im Grunde war er wie Lenin und Stalin der Auffassung, daß man die Masse der Parteimitglieder erziehen und führen müsse. Als am 7. November 1927 Anhänger Trotzkis in Moskau gegen die Stalinsche Politik demonstrierten, benutzte Stalin dieses Ereignis, um Trotzki und Sinowjew durch das ZK und die Parteikontrollkommission aus der KPdSU ausschließen zu lassen. Der XV. Parteitag im Dezember 1927 bestätigte das Ausschlußverfahren. Darüber hinaus wurden auch die Altkommunisten Radek, Rakowski, Pjatakow und der führende sowjetische Wirtschaftstheoretiker Preobraschenski wegen „Linksabweichung“ aus der Partei ausgeschlossen. Trotzki wurde zunächst nach Alma-Ata in Zentralasien und am 18. Januar 1929 ins ausländische Exil verbannt.

Nach der erfolgreichen Verdrängung der Parteilinken mit Hilfe der Rechten vollzog Stalin eine scharfe Linkswendung. Ohne schon die Neue Ökonomische Politik aufzugeben, forderte er für den ersten – Ende 1928 beginnenden – Fünfjahresplan eine beschleunigte Industrialisierung mit Betonung der Schwerindustrie. Um die notwendigen Finanzmittel für dieses Programm zu beschaffen, waren prinzipiell zwei Wege möglich. Der eine, den Nikolaj Bucharin befürwortete, bestand in einer Förderung der Mittelbauern in der Landwirtschaft, die imstande waren, ein wachsendes Marktprodukt zu liefern, und entsprechend besteuert werden konnten. Da die „Kommandohöhen“ der Wirtschaft wie Banken, Versicherungen, Verkehrssystem, Industrie weiterhin in Staatshand verblieben und die Bauern ihre Ersparnisse nirgends anders als auf staatlichen Bankkonten „unterbringen“ konnten, würde auf diese Weise die „sozialistische Industrie“ gefördert werden und sich allmählich das Schwergewicht zugunsten des sozialistischen Wirtschaftssektors verlagern. Der andere, von Stalin (im uneingestandenen Anschluß an die früheren Forderungen der Parteilinken) favorisierte Weg bestand in einer forcierten Kollektivierung der Landwirtschaft, durch die zugleich Arbeitskräfte für die Industrie freigesetzt und die Gefahr der Herausbildung einer Schicht kapitalistischer „Kulaken“ (Großbauern) vermieden werden könnte. – Nikolaj Bucharin, der auf die Dynamik der Wirtschaftsentwicklung setzte, hatte den Bauernvertretern leichtsinniger Weise zugerufen „Enrichissez-vous!“ (Bereichert euch!). Das wurde ihm jetzt von Stalin als Sünde wider den Geist des Sozialismus vorgehalten. Auch unter den meisten alten Kommunisten (soweit sie nicht schon aus der Partei ausgeschlossen worden waren) fand die Bucharinsche Lösung wenig Anklang.

Die beschleunigte Kollektivierung der Landwirtschaft diente Stalin zugleich zur Eliminierung der „Parteirechten“ (vor allem Rykows und Bucharins), auf die er sich bisher gestützt hatte. Im April 1929 wurde Bucharin von seinem Posten als Redakteur der „Prawda“, der führenden Parteizeitung, enthoben, schon im Februar des gleichen Jahres hatte ihn das Politbüro – zusammen mit Rykow und dem Gewerkschaftsführer Tomski – wegen „Prinzipienlosigkeit“ verurteilt. Im November schied er – wegen „rechter Abweichung“ – aus dem Politbüro aus. Immer wieder bediente sich Stalin der gleichen Vorgehensweise. Jeder Parteifunktionär, der in der einen oder anderen Frage mit ihm nicht übereinstimmte, wurde entweder der Links- oder der Rechtsabweichung bezichtigt und damit des Verlassens der verbindlichen Grundlagen des „Marxismus-Leninismus“ für schuldig befunden. Aus durchaus diskutierbaren Fragen der einzuschlagenden Taktik wurden, wenn es Stalin paßte, „Prinzipienfragen“, deren Verletzung schließlich zum Parteiausschluß und zur Verurteilung führen konnte. Auf der 16. Parteikonferenz (1929) wurde eine „Generalsäuberung“ der Partei beschlossen, bei der Hunderttausende von Parteimitgliedern ausgeschlossen wurden. Die Fortschritte auf dem Weg zum Sozialismus verschärften notwendig den Klassenkampf – so die These Stalins –, der „unerbittlich geführt werden" müsse.

Die beschleunigte Kollektivierung und die Beseitigung der „Kulaken als Klasse" führte zu einer unvorstellbaren Katastrophe der sowjetischen Landwirtschaft. Stalin bezeichnete diesen Vorgang als „Revolution von oben" und behauptete, sie sei „mit Unterstützung der Hauptmasse der Bauernschaft" erfolgt. In Wirklichkeit leistete fast die gesamte agrarische Bevölkerung Widerstand. Von Ende 1929 bis Mitte 1930 wurden „mehr als 320 000 Kulakenwirtschaften entkulakisiert". Das heißt, diese Bauern wurden enteignet, aus ihren Dörfern vertrieben und ihr Besitz den neu geschaffenen Kolchosen zugeteilt. Das Tempo der Kollektivierung war atemberaubend. Da fast überall die notwendigen Ackergeräte für den großflächigen Feldbau fehlten, sank die Produktion der Landwirtschaft erheblich. Am 1. Juli 1928 waren 1,7 Prozent der Bauern auf Kollektivgütern tätig, im März 1930 waren es schon 58 Prozent! Statt der 100 000 Traktoren, die vermeintlich notwendig waren, gab es 1928 lediglich 26 700.

Bei der „Liquidierung der Kulaken als Klasse" ging man mit dem Begriff „Kulak", für den es keine exakte Definition gab, höchst großzügig um. Viele Mittelbauern, die man zuvor gefördert hatte, wurden jetzt als Kulaken eingestuft, manchmal genügte es schon, wenn ein Bauer ein schönes Haus besaß. Von den vertriebenen Bauern starben viele in der sibirischen Verbannung oder in der Steppe Kasachstans. Aufstände gegen die Kollektivierung wie in Mittelasien und in der Ukraine wurden blutig niedergeschlagen. Als Zeichen ihres Protestes schlachteten viele Bauern lieber ihr Vieh, statt es der Kolchose abzutreten. Der Rinderbestand ging zwischen 1928 und 1932 von 70,5 auf 40,7 Millionen zurück, in Kasachstan blieben von 19,2 Millionen Schafen und Ziegen im Jahr 1935 nur 2,6 Millionen übrig. In weiten Teilen des Landes herrschte eine Hungersnot, die die der Jahre 1921/22 noch übertraf. In den offiziellen Verlautbarungen war aber von nichts anderem als den „großen Erfolgen" der Kollektivierung die Rede. Als Konzession an die wirkliche Lage kann man Stalins Artikel vom 2. März 1930 ansehen, in dem er – unter dem Titel „Von Erfolgen schwindlig" – untere Organe für eine zu hastige, schädliche und gewaltsame Kollektivierung verantwortlich macht und betont, diese müsse „freiwillig" vonstatten gehen. Als Reaktion auf diesen Artikel lösten sich zahlreiche Kolchosen vorübergehend wieder auf, aber schon 1931 waren schon wieder 60 Prozent, 1934 sogar 75 Prozent aller Güter kollektiviert.

Während Saatgut und Vieh sowie Gebäude den Kolchosen gehörten, blieb der Boden Staatseigentum, das den Gütern zur ewigen Nutzung überlassen wurde, während das Großgerät – die „Maschinen- und Traktoren-Station" – ebenfalls Staatseigentum war und als Hebel für die Kontrolle und Besteuerung der Kolchosen benützt wurde.

Sowohl die Gesamtproduktion als auch die Hektarerträge gingen während der Kollektivierung erheblich zurück. So fiel der Hektarertrag zum Beispiel bei der Getreideproduktion von 16,4 auf 11,4 Zentner und der Bruttoertrag von 733 auf 696 Millionen Zentner. Die Viehproduktion hatte 1933 erst 65 Prozent des Vorkriegsstandes wieder erreicht! Schätzungen über die Zahl der Opfer der Entkulakisierung und Zwangskollektivierung schwanken zwischen 3,5 und 7,5 Millionen Toten, wobei die meisten Bauern an Hunger und durch Krankheit starben.

Doch alle diese negativen Folgen seiner Innen- und Wirtschaftspolitik hinderten Stalin nicht daran, seine Alleinherrschaft über Partei und Staat weiter zu festigen. Zu diesem Zweck bediente er sich der „Organe" der politischen Polizei. An die Stelle der „Tscheka", die Dserschinski aufgebaut hatte, trat 1922 die GPU (staatliche politische Verwaltung), die zwischen 1934 und 1938 erst Jagoda und dann Jeschow leitete. Beide wurden, nachdem sie ihre „Aufgabe", die Organisation des Massenterrors und der Prozesse, erfüllt hatten, abgesetzt und hingerichtet. Im Juli 1938 wurde Berija zum Stellvertreter Jeschows und im Dezember zu dessen Nachfolger ernannt. Inzwischen war aus der GPU der NKWD geworden. Auch das wieder ein harmlos klingender Name für eine Schrecken einflößende Institution (Volkskommissariat für Innere Angelegenheiten).

Zwangskollektivierung und Terror ermöglichten zugleich eine beschleunigte Industrialisierung, zu deren Erfolg übrigens zahlreiche ausländische (britische, amerikanische, französische, deutsche)

Firmen beigetragen haben. So war extra der amerikanische Ingenieur Hugh L. Cooper an der Errichtung des großen Kraftwerks von Dnjeprostroi beteiligt, andere Amerikaner wirkten bei den Arbeiten in Magnitogorski und Ingenieure der Ford-Company beim Bau der Automobilfabrik in Gorki (Nowgorod) mit.

Die Disziplinierung der Industriearbeiter wurde mit drastischen Mitteln verschärft. Das obligatorische Arbeitsbuch gab Auskunft über jeden Arbeitsplatzwechsel. Fernbleiben ohne Grund und wiederholtes Zuspätkommen wurden schwer bestraft. An die Stelle der latenten Angst vor Arbeitslosigkeit (die es „offiziell" nicht gab) war die Angst vor Verhaftung und Deportation in eins der zahlreichen Straf- und Arbeitslager getreten. Viele – zum Teil freilich unnütze – Arbeiten unter extremen Klimabedingungen wurden von den Zwangsarbeitern im Norden und in Sibirien ausgeführt. Auf der anderen Seite wurden „Bestarbeiter", die die offizielle Norm überschritten, mit Prämien, Orden und Privilegien ausgezeichnet. Das „Muster" eines solchen „Helden der sozialistischen Arbeit" war Alexej Stachanow, der am 31.8.1935 in einer einzigen Schicht 102 Tonnen Kohle förderte (statt der Norm von 7 Tonnen!). Angeblich wurde diese „Initiative" von anderen Bergleuten freiwillig aufgegriffen. Schließlich wurde die Norm um 15 bis 20 Prozent erhöht! G. B. Shaw, dem dieses Wunder in der Sowjetunion vorgeführt wurde, meinte, in England würden die Arbeitskollegen einem solchen Lohndrücker und Normerhöher einen Ziegelstein auf den Kopf schlagen, aber in der Sowjetunion sei das offenbar anders. In Wahrheit reagierten auch sowjetische Arbeiter auf solche Stachanowitzi mit Prügeln und vereinzelt mit Totschlag. Zwischen Arbeitskollektiven wurde der sogenannte „sozialistische Wettbewerb" ausgetragen, dabei ging es oft um die „vorzeitige Planerfüllung", ein Ziel, das bei genauer Abstimmung der Pläne eigentlich widersinnig gewesen wäre.

Die einzige wirksame Konzession an die Bauern und ein Mittel zur Verbesserung der Versorgung auch der Städte war die Möglichkeit, auf einem Stück privat bewirtschafteten Hoflandes eine Kuh, zwei Kälber, ein Schwein, zehn Schafe, Hühner usw. zu halten und Überschüsse frei zu verkaufen, die im Februar 1935 gesetzlich geregelt wurde.

In vieler Hinsicht konnte man jetzt eine „konservative" Tendenz der Stalinschen Politik feststellen. So wurde im Juni 1936 die Abtreibung (die 1920 freigegeben worden war) wieder verboten, die Rolle der Familie unterstrichen und die Ehescheidung erschwert. Die autoritäre Erziehung in der Familie sollte die nächste Generation auf eine ebenso autoritäre Umwelt in Schule, Fabrik, Militär und Parteiorganisation vorbereiten. Im Jahr 1935 wurden die alten Offiziersdienstgrade in der Armee wieder eingeführt. Die Neubewertung der russischen Geschichte war schon kurz vor dem Tod des bis dahin führenden Historikers Pokrowskijs eingeleitet worden. Schließlich wurde – bei aller betonten Religionskritik – auch die Christianisierung Rußlands und die „progressive Rolle" von Zaren wie Iwan dem Schrecklichen und Peter dem Großen wieder beschworen. Der zum Russentum „konvertierte" Georgier Stalin entwickelte sich zum großrussischen Nationalisten. Ihren Höhepunkt sollte diese Entwicklung allerdings erst im Laufe des Zweiten Weltkrieges erreichen.

Am 1. Dezember 1934 wurde der beliebte Parteisekretär Leningrads Sergej M. Kirow ermordet. Die Tat wurde sofort als Vorwand für eine Serie von Schauprozessen und einen das ganze Land erfassenden Massenterror benützt. Die Parteisäuberung, die schon im Vorjahr begonnen hatte, wurde intensiviert und fortgesetzt. Eine Reihe von Organisationen der „Altbolschewiken" – darunter die der ehemaligen politischen Häftlinge und die „Gesellschaft der Altbolschewiken" – wurde 1935 aufgelöst. Als die „wahren Schuldigen" an der Ermordung Kirows wurden die Leningrader „Sinowjewisten" bezeichnet. Sinowjew und Kamenew wurden bei dieser Gelegenheit deportiert.

In den Jahren 1936, 1937 und 1938 fanden in Moskau Schauprozesse statt, auf denen führende Kommunisten – nach erstaunlichen Schuld-Geständnissen – zum Tode verurteilt wurden. Im August 1936 der Prozeß „gegen das trotzkistisch-sinowjewistische terroristische Zentrum" (Sinowjew, Kamenew und andere), im Januar 1937 gegen das „sowjetfeindliche trotzkistische Zentrum" (Pjatakow, Radek usw.). Im Juni 1937 fand ein Geheimprozeß gegen Marschall Tuchatschewski, den sowjetischen Oberkommandierenden, statt, der von der deutschen Geheimen Staatspolizei mit gefälschten Dokumenten denunziert worden war. Im Anschluß an seine Verurteilung und Hinrichtung wurde fast das gesamte oberste Führungspersonal der Roten Armee liquidiert, so daß das Heer bei Kriegsausbruch 1941 ohne kompetente höhere Offiziere dastand. Im März 1938 fand der letzte der großen Schauprozesse gegen den angeblichen „Block der Rechten und Trotzkisten" (Bucharin, Rykow, Jagoda und andere) statt. Damit schloß sich der Kreis. Nachdem Stalin zunächst die Linken mit Hilfe der Rechten aus ihren Führungspositionen verdrängt hatte, um anschließend selbst eine „linke" Entkulakisierungs- und Industrialisierungspolitik — ohne Rücksicht auf Verluste — zu betreiben, ließ er jetzt nacheinander alle rechten Kritiker und Gegner seiner „Generallinie" liquidieren. Anschließend wurde die Geschichte der Oktoberrevolution (bis hin zu retuschierten Fotos) so „umgeschrieben", daß neben Lenin nur noch Stalin eine wichtige Rolle dabei gespielt hatte.

Seit 1935 wurde der Kult um die Person Stalins immer aufdringlicher. Stalin wurde als der große Lehrer und Führer des sowjetischen Volkes und des Weltproletariats bezeichnet, als Freund der Jugend, Förderer von Kunst und Wissenschaft, Hüter des heiligen Erbes des „Marxismus-Leninismus" usw. Die zur „wissenschaftlichen Weltanschauung" deklarierte Ideologie des „Dialektischen und Historischen Materialismus" wurde seit 1929 immer entschiedener zur verbindlichen Grundlage jeder Wissenschaft und aller Künste gemacht. Es gab kein Gebiet der Kultur, für das nicht die Parteiideologie und deren oberster Interpret Stalin zuständig gewesen wäre.

1936 verkündete Stalin die Verabschiedung einer neuen Verfassung, deren Entwurf allerdings von Nikolaj Bucharin stammte, was offiziell verschwiegen wurde. Diese Verfassung enthielt einen ausführlichen Grundrechtskatalog, der neben den „klassischen" Grundrechten auch soziale Rechte enthielt, so das Recht auf Arbeit, Erholung, Erziehung, Wohnung usw. Auch die politischen Rechte fehlten nicht. Nur daß — wenn man den Text genauer ansah — politische Betätigungsmöglichkeiten nur der KPdSU und den von ihr geleiteten Organisationen eingeräumt wurde, denen entsprechende Gebäude, Druckereien usw. zur Verfügung gestellt werden sollten. Dennoch ließen sich viele Ausländer von dieser neuen Fassade täuschen, während linke Kritiker außerhalb der Sowjetunion die Aufgabe des Räte-Gedankens kritisierten. Die Tatsache, daß diese „schöne Verfassungsfassade" zugleich mit den Massenverfolgungen und den Schauprozessen errichtet wurde, hat nur wenige kritische Kommentatoren beeindruckt. Das Ansehen der Sowjetunion im westlichen Ausland war aber auch deshalb erheblich gestiegen, weil sie — nach dem Austritt des Dritten Reiches und Japans — 1934 dem Völkerbund beigetreten war und — während in allen Industriestaaten Massenarbeitslosigkeit herrschte — scheinbar die Krise vermeiden und Vollbeschäftigung garantieren konnte.

Den ideologischen Schlußstrich unter die vorausgegangene Epoche zog Stalin 1938 mit seiner „Geschichte der KPdSU, kurzer Lehrgang", die seine — dogmatisch stilisierte — Fassung der Entwicklung von 1917 bis zur Gegenwart enthielt. In ihr war das Kapitel „über dialektischen und historischen Materialismus" enthalten, das in Katechismusform allgemeinverständlich die dogmatisierte Sowjetideologie zusammenfaßte. Durch die Anordnung dieses Kapitels vor der Oktoberrevolution sollte der Eindruck entstehen, als ob allein die „Anwendung" dieser Ideologie den Erfolg gebracht hätte. Unter der Bezeichnung „Materialismus" wurde damit ein kruder Geschichtsidealismus verbreitet, der die Analyse der komplexen Tendenzen und Kräfte, die 1917 am Werke gewesen waren, verhinderte. Der „kurze Lehrgang" wurde für die nächsten Jahrzehnte (bis 1956) zum Indoktrinationsmittel der gesamten sowjetischen Bevölkerung und aller Kommunisten in der Welt.

Während der zwanziger und dreißiger Jahre verbesserte sich die internationale Lage der Sowjetunion. Schon 1924 hatten England, Frankreich, Italien, Österreich und andere Staaten die Sowjetunion de jure anerkannt, 1927 brach zwar England die Beziehungen vorübergehend wieder ab, nahm sie aber schon 1929 wieder auf. Die Sowjetunion schloß sich 1929 dem Kriegsächtungspakt (dem Briand-Kellogg-Pakt) an und schloß Verträge mit den baltischen Staaten, der Türkei und dem Iran, vor allem aber 1932 mit Frankreich.

Wenig erfolgreich war dagegen Stalins Chinapolitik. Die Doppelstrategie — einerseits Unterstützung der bürgerlich nationalistischen Kuomintang-

Regierung, andererseits Förderung der Kommunistischen Partei Chinas, die aber zur Unterstützung der Regierung verpflichtet wurde – zahlte sich nicht aus. 1927 wurde von den Kuomintang-Truppen ein kommunistischer Aufstand in Schanghai blutig niedergeschlagen. Trotzki und zahlreiche andere Kommunisten benützten diese Niederlage der Stalinschen Politik zu einem massiven Angriff, der erfolglos blieb. In China zog Mao Tse-tung aus dem Mißerfolg von Kanton den Schluß, daß sich die Kommunisten auf die Bauern stützen müßten und eine Zusammenarbeit mit der Kuomintang nicht mehr sinnvoll sei.

Im Herbst 1933 hatten auch die USA – als letzte Großmacht – die Sowjetunion diplomatisch anerkannt, 1935 wurde der britische Außenminister Eden in Moskau empfangen. Der sowjetische Außenminister Litwinow galt als „prowestlich". Stalin war jedoch nicht abgeneigt, sich mit dem „neuen Deutschland" der Nazis zu arrangieren. Die sowjetische Außenpolitik hatte offenbar zwei Optionen: eine „westliche", die zu einem festen Verteidigungsbündnis gegen das Dritte Reich geführt hätte, und eine „deutsche", die – zur allgemeinen Überraschung – am 23. August 1939 zum „deutsch-sowjetischen Nichtangriffspakt" führte, der noch im gleichen Jahr durch einen „Grenz- und Freundschaftsvertrag" ergänzt wurde. Stalin ließ sich dabei die Einverleibung der baltischen Staaten sowie Bessarabiens und Ostpolens zusichern und versprach als Gegenleistung sein Stillhalten beim bevorstehenden deutschen Angriff auf Polen. Diplomaten und Journalisten im Westen hatten die Skrupellosigkeit Stalins (und Hitlers Flexibilität) bei weitem unterschätzt. Kein Zweifel, daß auch die skeptische Zurückhaltung und das Mißtrauen westlicher Diplomatie gegenüber der Sowjetregierung für das Scheitern eines festen Bündnisses der Westmächte und der Sowjetunion gegen das Dritte Reich mitverantwortlich war.

Der Hitler-Stalin-Pakt führte in allen kommunistischen Parteien der Welt zu erheblichen Verunsicherungen und ideologischen „Bauchschmerzen". Erst der Überfall des Dritten Reiches auf die Sowjetunion stellte das – erstaunlich hohe – Ansehen der Sowjetunion in der westlichen Welt für einige Zeit wieder her. Vergessen waren die Berichte über die Lager und die leidenden Millionen verfolgter Sowjetbürger, Folter, Hungertod und ideologische Versklavung. Stalin war es gelungen, die Sowjetbevölkerung mit Hilfe von Terror und Indoktrination total gefügig zu machen und ein perfektes totalitäres System zu errichten, das nach außen hin obendrein noch eine demokratische Fassade präsentierte!

Der sechsfache Schwur des „Stählernen“

Der gigantische Personenkult in der Spätzeit des Stalinismus (1949 bei einer Kundgebung in China) dokumentiert die erfolgreichste und zugleich grausamste Epoche in der Geschichte des Kommunismus. Sie ist geprägt von der despotischen Alleinherrschaft eines Mannes, der sich zu Beginn seines Aufstiegs als „rechtmäßiger Kronerbe“ Lenins präsentiert. Im Kampf um die Macht in Partei und Staat räumt Josef Wissarionowitsch Dschugaschwili, genannt Stalin (der „Stählerne“), in den zwanziger Jahren einen Rivalen nach dem anderen aus dem Weg: Trotzki, Sinowjew, Kamenew, Bucharin. Immer auf Lenin sich berufend, dem er in seiner Trauerrede 1924 gleich sechsmal geschworen hat, sein Vermächtnis zu erfüllen und „die Einheit der Partei wie unseren Augapfel zu wahren“. Den Leninismus interpretiert Stalin als den „Marxismus in der Epoche des Imperialismus und der proletarischen Revolution“. Der Marxismus-Leninismus wird als „weiterentwickelte“ Heilslehre des Kommunismus tabuisiert.

Agitation in der Kornkammer: „Tod den Kulaken!“

Auf Lastwagen stationierte Druckereien der Parteizeitung „Der Landarbeiter“ fahren 1928 auf die riesigen Sowchosen der ukrainischen „Kornkammer“, um die rekrutierten Landarbeiter zu höchstem Einsatz anzuspornen. Stalin hat, nach den kommunistischen Fehlschlägen in Deutschland und anderen europäischen Staaten, die internationale Revolutionspolitik zunächst einmal zurückgestellt und Mitte der zwanziger Jahre den „Sozialismus in einem Land“ verkündet. Die Industrialisierung wird forciert, Lenins gemäßigte „Neue Ökonomische Politik“ aufgegeben und die Landwirtschaft „sozialisiert“. 26 Millionen Bauernhöfe werden zwangskollektiviert und zu Sowchosen zusammengefaßt. Mehr als eine Million Bauern läßt Stalin vertreiben, in Arbeitslager deportieren oder liquidieren: „Wir müssen sie als Klasse ausrotten!“

ЕРЕХІДНИЙ ПРАПОР
ДАКЦІЯ РАЙГАЗЕТИ „КОЛГОСПНИК"
АНК" НА ЖНІВАХ
в К-пі

Russisch ist Pflicht

Frauen eines turkmenischen Stammes lernen Russisch. Die mittelasiatische Sozialistische Republik am Kaspischen Meer wird 1924 unter dem Druck der Roten Armee gegründet. 90 Prozent der zwei Millionen Einwohner können weder schreiben noch lesen. Moskau bekämpft mit Erfolg den Analphabetismus. Heute ist er weitgehend beseitigt. Neben den eigenen Sprachen der über 100 Nationalitäten wird überall in der Sowjetunion Russisch als Staatssprache gelehrt.

„Wir werden die kapitalistischen Staaten überholen!“

Das erste sowjetische Wasserkraftwerk wird 1927/28 bei Leningrad errichtet (noch ist das Baugerüst nicht entfernt). Auf Kosten der Konsumgüterproduktion werden alle Kräfte zum Aufbau der Schwerindustrie mobilisiert. „Stoßarbeiterbrigaden“ überbieten sich gegenseitig im „sozialistischen“ Leistungswettkampf. An Auslandsfirmen werden Konzessionen zum Bau von Eisenbahnen, Kraftwerken und Traktoren vergeben. 1928 wird der erste Fünfjahresplan ausgearbeitet mit Sollvorgaben für die Schwer- und Grundstoffindustrie, die insgeheim auch die Aufrüstung vorantreiben sollen. Mit dieser „zweiten Revolution“, einer technischen Revolution von oben, steigt die Sowjetunion zu einer wirtschaftlichen Großmacht auf. Stalin verkündet: „Wir werden die kapitalistischen Staaten nicht nur einholen, wir werden sie überholen!“

Hand in Hand mit der Roten Armee

Reichspräsident von Hindenburg begrüßt 1930 hohe sowjetische Offiziere (3. von links: Marschall Tuchatschewski) als Manövergäste der Reichswehr. Die Zusammenarbeit mit der Roten Armee hat bereits Anfang der zwanziger Jahre begonnen. Die Reichswehr unterläuft im geheimen Komplott mit den Bolschewiken die harten Entwaffnungsauflagen des Versailler Vertrages. Deutsche Soldaten, Ingenieure und Offiziere, teils in sowjetischen Uniformen getarnt bauen in den Tiefen Rußlands Produktions- und Übungsstationen für Flugzeuge, Giftgas und Panzer auf, während in Deutschland die Öffentlichkeit mit Panzerattrappen aus Sperrholz (rechts) irregeführt wird. Als Gegenleistung erhält der Kreml deutsche Finanzspritzen für den rasanten Aufbau seiner Industrie. Als 1931 der spätere Friedensnobelpreisträger Carl von Ossietzky die heimliche Rüstung in einem Artikel der „Weltbühne“ aufdeckt, bricht ein Sturm der Entrüstung los – gegen den Autor. Er wird wegen „Landesverrats“ ins Gefängnis geschickt.

Den falschen Feind bekämpft

Im Reichstags-Wahlkampf 1930 machen die deutschen Kommunisten unter dem von Stalin protegierten Ernst Thälmann Front gegen die Sozialdemokraten. Zwei Jahre zuvor haben SPD und KPD zusammen immerhin vierzig Prozent der Stimmen erhalten – doch die Sozialdemokraten bilden in Berlin eine bürgerliche Koalitionsregierung und stellen den Kanzler. Stalin, der seinen deutschen Gesinnungsgenossen keinen revolutionären Elan mehr zutraut, drängt Thälmann, die Sozialdemokraten – „Sozialfaschisten“ nennt er sie abfällig – ab sofort als Hauptfeind zu bekämpfen. Zwar steigt in den Jahren der verheerenden Wirtschaftskrise der Stimmenanteil der KPD von zehn auf fast siebzehn Prozent, aber die Kommunisten bekämpfen den falschen Gegner. Thälmann hält sich strikt an Stalins Weisung: Der Kampf gegen die aufkommende Hitlerbewegung wird dem Kampf gegen die Sozialdemokratie untergeordnet – bis 1933 alles zu spät ist für die beiden großen Arbeiterparteien.

r noch der S.P.D. vertraut
hat man das Gehirn geklaut

ПРОЛЕТАРИИ ВСЕХ

Majakowski: „Über die Berge des Leidens in ein goldenes Land“

Wladimir Majakowski rezitiert 1929 Verse seiner Agitationsgedichte vor Rotarmisten in Moskau. Der junge Schriftsteller, Mitbegründer des russischen Futurismus, ist neben Maxim Gorki der berühmteste Dichter des proletarischen Aufbruchs. In der Oktoberrevolution 1917 sieht er nicht den Klassenkampf, sondern die persönliche Freiheit als Mensch und Literat. Hinter dem Bürgerkrieg, so dichtet er, „liegt ein goldenes, jungfräuliches Land“, zu dem der „Proletarier ... über die Berge des Leidens“ gelangen werde. Tatsächlich sind die folgenden Jahre die fruchtbarste Periode in der sowjetischen Kunst. Nach Majakowski soll Kunst zu einer lebendigen Produktionsstätte des menschlichen Geistes werden und überall auf den Straßen, in den Bahnen, Fabriken und Wohnungen Platz finden. Doch der zunehmende Terror unter Stalins Gewaltherrschaft zerstört die Ideale Majakowskis. 1930, gerade 37 Jahre alt, nimmt sich der Dichter das Leben.

Eisenbahnbau: Fronarbeit für halben Lohn

Die Turkestan-Sibirische Eisenbahn wird mit gewaltigem Aufwand im Rahmen des ersten Fünfjahresplans gebaut und am 1. Mai 1930 eröffnet. Sie führt über 2552 Kilometer von Lugowoj über Alma-Ata nach Nowosibirsk und soll die zukunftsreichen Getreide- und Baumwollgebiete erschließen. Die meisten Arbeiter werden für dieses Projekt zwangsverpflichtet. Mit dem Fünfjahresplan beginnt die totale Planwirtschaft, in der die Partei alles kontrolliert. Aus der proklamierten Herrschaft des Proletariats ist die Herrschaft der Parteibürokratie geworden. Unter dem Joch der Planerfüllung sind die Löhne der Werktätigen seit Beginn der Industrialisierungs-Kampagne um fünfzig Prozent gesunken. Meist erfolgt die Bezahlung in den Fabriken im Akkordlohn, den Karl Marx einst als die „der kapitalistischen Produktionsweise entsprechende Form des Arbeitsentgelts“ verteufelt hat.

In Frankreich formiert sich die Volksfront

14. Juli 1936 – die Volksfront marschiert: Zum erstenmal versammeln sich Sozialisten und Kommunisten am französischen Nationalfeiertag zu einer gemeinsamen Großkundgebung auf dem Platz der Bastille in Paris. Léon Blum (oben), der sozialistische Ministerpräsident der Volksfront-Regierung, nimmt den Vorbeimarsch ab. Initiator der Volksfront-Koalitionen in Frankreich und in Spanien ist Stalin. Nicht mehr die kapitalistischen Länder sind der Hauptfeind, sondern Hitler. 1934 tritt die UdSSR in den Völkerbund ein, den Hitler ein Jahr zuvor mit Aplomb verlassen hat. 1935 beschließt die kommunistische Internationale (Komintern), sich mit westlichen Demokratien gegen das nationalsozialistische Deutschland zu verbünden. Doch die antifaschistische Volksfront-Politik ist nicht von langer Dauer. Stalins Westorientierung scheitert schließlich an der fast schon vergessenen Bolschewikenangst der bürgerlichen Parteien.
In Frankreich beginnt sich das Gefühl auszubreiten: Lieber Hitler als Moskau!

SSEMBLEMENT
U 14 JUILLET
GALERIES BARBES

Der Lange Marsch beginnt

Mao Tse-tung, Führer der kommunistischen Aufständischen in China, zieht nach vernichtenden Niederlagen durch die Truppen des regierenden Marschalls Tschiang Kai-schek im Oktober 1934 mit seinen roten Bauernmilizen auf dem legendären „Langen Marsch" quer durch das Riesenreich ins nordwestliche Grenzgebiet. Von den 90 000 Aufständischen treffen dort nach einem Jahr nur noch 7000 mit ihren Familien in der Provinz Schensi ein. Es kommt zu Auseinandersetzungen mit Stalin, weil Mao ihm nicht „gehorcht" und den „Volkskrieg" fortsetzt. Schon früher hat Stalin die chinesischen Kommunisten vor einer Machtergreifung gewarnt und zeitweise sogar Tschiang Kai-schek unterstützt. Er ist gegen eine unabhängige kommunistische Macht, die sich nicht von Moskau steuern läßt. Als viel später – nach dem Zweiten Weltkrieg und der Kapitulation der japanischen Invasionsarmee – Mao schießlich über Tschiang siegt und 1949 die Volksrepublik gründet, gibt Stalin die Fehler seiner Chinapolitik zu: „Wir diskutierten mit den chinesischen Genossen die Situation. Aber sie fuhren zurück – und handelten völlig anders."

Die Lubjanka – das Haus des Grauens

Moskau, Dserschinski-Straße 2: Die Lubjanka, Sitz der gefürchteten Geheimpolizei GPU (später NKWD), ist das Zentrum von Stalins Säuberungswut in den Jahren 1936 bis 1938. Die Ermordung seines engen Vertrauten Kirow nimmt der Kremlherrscher zum Vorwand für die Beseitigung der gesamten alten Revolutionsgarde, darunter fast aller seiner Kampf- und Weggefährten wie Rykow (rechts) und Sinowjew (außen rechts). Mit ihnen werden Zehntausende loyaler Kommunisten als Volksfeinde „weggesäubert", die meisten ohne Urteilsspruch per Genickschuß. Für die Öffentlichkeit werden drei Schauprozesse abgehalten. Nach der „Gehirnwäsche" beschuldigen sich viele hohe Würdenträger selbst der ungeheuerlichsten Verbrechen gegen die Partei. Generalstaatsanwalt Wyschinski: „Knallt die tollen Hunde ab!" In einem Geheimprozeß wird Marschall Tuchatschewski (Mitte), Stabschef der Roten Armee, als „deutscher Spion" verurteilt und hingerichtet. Vier Fünftel des höheren Offizierskorps werden liquidiert. Partei, Bürokratie und Armee erstarren in angstzitternder Unterwürfigkeit. Stalin ist auf dem Gipfel seiner Alleinherrschaft. Auf dem XVIII. Parteitag im März 1939 löst sein Rechenschaftsbericht über die Zerschlagung der „Verschwörungen" jubelnde Ovationen aus.

Die Republikaner verlieren den Spanischen Bürgerkrieg

Bürgerkrieg in Spanien: Republikanische Panzer vor der Stierkampfarena von Teruel. Der Kampf um die Stadt im Winter 1937/38 wird zur verlustreichsten Schlacht des Krieges gegen die aufständischen Truppen General Francos. Frankreich, England und die USA mischen sich nicht ein in die erbitterte Auseinandersetzung, die in drei Jahren mehr als 800 000 Tote fordert. Hitler und Mussolini unterstützen Franco mit Waffen und größeren Truppenkontingenten („Legion Condor"). Vor allem für Hitler ist der Bürgerkrieg eine willkommene Gelegenheit, seine modernen Streitkräfte für den insgeheim bereits ins Auge gefaßten großen Krieg zu testen. Auch Stalin treibt ein heuchlerisches Spiel: Er schickt den republikanischen Verteidigern ein Komintern-Kommando, das den Aufbau der Internationalen Brigaden organisiert, und liefert nach einigem Zögern auch Waffen, für die er als Gegenwert den spanischen Goldschatz kassiert. Die Sowjetunion als einziger Beschützer der republikanischen Regierung – diese Rolle kommt Stalin gerade recht, um die internationale Aufmerksamkeit von den furchterregenden „Säuberungen" im eigenen Lande abzulenken.

Selbst Kinder werden als Arbeitssklaven mißbraucht

Bau des Fergana-Kanals 1939 in Turkestan: Strafgefangene müssen in Handarbeit, ohne Maschinen, in nur 45 Tagen die 270 Kilometer lange Kanaltrasse ausheben. Wie in Hitler-Deutschland die KZs sind in Stalins Reich die GULAGs Synonym für Unfreiheit, Folter und Zwangsarbeit. Hunderttausende, die den „Säuberungen" lebend entkommen sind, werden in sibirischen Lagern als Arbeitssklaven zu Tode geschunden. Nichts hat sich seit der Zarenzeit geändert — der sowjetische Arbeiter- und Bauernstaat straft mit der gleichen gnadenlosen Willkür — sogar Kinder ab zwölf Jahren können verbannt oder zum Tode verurteilt werden. Auch die Spur vieler deutscher Emigranten, überzeugter Kommunisten, die vor Hitler in die Sowjetunion geflüchtet sind, verliert sich in den GULAGs. Sie sind Stalin am Vorabend seines größten politischen Coups lästig geworden.

Der Hitler-Stalin-Pakt

Herzlich begrüßt Stalin den deutschen Außenminister Ribbentrop im Kreml (rechts). Am 23. August 1939 wird dort von Ribbentrop und dem sowjetischen Außenminister Molotow der Nichtangriffspakt unterzeichnet (links). Die Nachricht schlägt wie eine Bombe ein. Niemand hat ein solches Bündnis der weltanschaulichen Erzfeinde für möglich gehalten. Hitler hat nun freie Hand für den geplanten Überfall auf Polen. Ein geheimes Zusatzprotokoll regelt die Aufteilung Polens und erklärt Finnland, Lettland und Estland sowie Bessarabien, später auch Litauen, zu sowjetischen Einflußsphären. Ribbentrop meldet seinem „Führer", er fühle sich im Kreml „wie unter alten Parteigenossen". Stalin ist zuversichtlich: „Ich weiß, was Hitler im Schilde führt. Er glaubt, schlauer zu sein als ich. In Wirklichkeit habe ich ihn überlistet!"

Vom Zweiten Weltkrieg bis zum Kalten Krieg 1939-1953

Von Lew Kopelew

1939 – dieses Datum erscheint auf mehreren Seiten der Weltgeschichte als ein Zeichen schicksalsträchtiger Ereignisse.

Im Frühjahr ging der Bürgerkrieg in Spanien zu Ende; eine demokratische Republik unterlag einem faschistischen Regime. Die Hitlersche Wehrmacht besetzte den Rest der Tschechoslowakei, deren Sicherheit erst wenige Monate zuvor durch das Münchner Abkommen garantiert worden war. Die Regierungen Frankreichs und Englands beschränkten sich auf kleinlaute verbale Proteste.

In der Sowjetunion wurde Jeschow, der Volkskommissar des Inneren, der die Schauprozesse 1937 und 1938 vorbereitet hatte und zahllose „Volksfeinde" einsperren oder hinrichten ließ, im Dezember 1938 von Lawrentij Berija, dem georgischen Landsmann Stalins, abgelöst. Einige tausend politische Häftlinge kamen 1939/40 in Freiheit, aber Millionen blieben in Haft; manche erzählten von Folter, von sinnlosen, phantastischen Anklagen. Es entstand ein neuer Begriff: „Jeschowschtschina". Meine Freunde, Kommilitonen und die meisten Bekannten glaubten, daß die Jeschowschtschina – Massenverhaftungen und wilde Hetzen auf „Volksfeinde" – eine gelungene Provokation unserer ausländischen Feinde war; Verleumdungen und Verfolgungswahn sollten Partei und Staat schwächen.

Im März tagte der XVIII. Parteitag. Stalin sprach von den Aufgaben des neuen Fünfjahresplans, von konsequenter Friedenspolitik: „Wir sollen für niemanden die Kastanien aus dem Feuer holen; wir brauchen Frieden, um den sozialistischen Staat unantastbar für alle Feinde auszubauen."

Wir glaubten damals, unsere Heimat sei eine belagerte Festung. Die Gefahren schienen nach der Besetzung der tschechischen Gebiete immer bedrohlicher anzuwachsen. Hitler verschenkte die Karpato-Ukraine an Ungarn, das dem Antikomintern-Pakt beigetreten war. Litauen trat das Memelgebiet (Klaipeda) an das Dritte Reich ab. Am anderen Ende der „Antikomintern-Achse" drangen japanische Truppen auf die Gebiete der Mongolischen Volksrepublik vor. Dort hatte die Rote Armee bereits größere Schlachten mit schweren Waffen zu führen.

Am 3. Mai 1939 wurde der Volkskommissar des Äußeren, Maxim Litwinow, ohne jegliche Erklärung seines Postens enthoben; seine Aufgaben übernahm der Regierungschef Molotow zusätzlich. Es erschienen kurze Berichte über Verhandlungen sowjetischer, britischer und französischer Diplomaten über einen Beistandsvertrag. Anfang August verhandelten in Moskau bereits sowjetische, französische und britische Generäle darüber.

Doch am 23. August kam Ribbentrop überraschend in die Sowjetunion. Blitzschnell wurde ein Nichtangriffspakt unterzeichnet und mit blumigen Floskeln von Frieden und traditioneller Völkerfreundschaft ornamentiert. Eine Woche darauf überfiel die Wehrmacht Polen. Am 3. September erklärten Frankreich und England dem Deutschen Reich den Krieg.

Am 17. September marschierten die Truppen der Roten Armee in Ostpolen ein. Zehn Tage später kam Ribbentrop wieder nach Moskau; es wurde ein Freundschaftsbündnis verbrieft und Polen unter Großdeutschland und der Sowjetunion aufgeteilt.

Das Jahr 1939 brachte eine Wende, deren Sinn und Bedeutung damals von den meisten Zeitgenossen kaum begriffen wurde. Auch Jahrzehnte später noch sahen Gegner wie Freunde die Sowjetunion als sozialistischen Staat an, der von einer marxistisch-kommunistischen Ideologie durchdrungen sei, von einer Einheitspartei regiert werde und eine Weltrevolution anstrebe. Doch ab 1939 hätten unvoreingenommene Zeitzeugen schon das wahre Wesen der sowjetischen imperialen und erzkonservativen Großmacht erkennen können.

Dem Überfall auf Polen folgte ein Überfall auf Finnland – ein opferreicher Winterkrieg, der den Widerstand des finnischen Volkes nicht zu brechen vermochte, aber dennoch der Sowjetunion territoriale Gewinne einbrachte. 1940 wurden die drei baltischen Republiken einverleibt und Rumänien gezwungen, Bessarabien und die Nordbukowina kampflos abzutreten. Der Freundschaftsbund mit dem Hitler-Staat schien immer fester zu werden. Am 17. Juni 1940 erhielt Hitler von Molotow die „wärmsten Glückwünsche der Sowjetregierung zu den glänzenden Siegen der deutschen Wehrmacht". Hitler ließ alle Volksdeutschen aus der Bukowina und den baltischen Ländern „heim ins Reich" holen. Das sollte eine zusätzliche Garantie für die uneingeschränkte sowjetische Herrschaft in diesen Gebieten bedeuten.

Damals gab es recht viele aufrichtige sowjetische Patrioten, die auch gläubige Kommunisten waren. Trotz allen bitteren, schrecklichen Erlebnissen des vergangenen Jahrzehnts waren sie überzeugt, daß die Erweiterung, die Stärkung ihrer sozialistischen Heimat allen Menschen auf der Welt zugute komme. Einfältige Träumer, wie ich es war, hofften, daß der Krieg, der im Westen begonnen hatte, recht bald von proletarischen Revolutionen beendet werde – so wie es 1917 in Rußland und 1918 in Deutschland geschehen war.

Das sowjetische Staatswappen – Hammer und Sichel über der Erdkugel – und die Titelblätter aller Zeitungen schmückte die Parole „Proletarier aller Länder vereinigt euch!" Um Mitternacht ertönte im Rundfunk die „Internationale" – als Glockenspiel vom Kreml-Turm. Die Wortgefüge: „Stalinsche Völkerfreundschaft", „Nationale Formen und sozialistischer Inhalt der sowjetischen Kultur", „Proletarischer Internationalismus – ein Grundstein des sowjetischen Patriotismus" gehörten zum Alltagsgebrauch in Leitartikeln und wissenschaftlichen Arbeiten.

Die Entwicklung vom internationalistischen Kommunismus zum Patriotismus, zum Nationalismus und letztlich zum Chauvinismus wurde im Krieg und in den ersten Nachkriegsjahren verstärkt und beschleunigt.

Der Krieg brach am 22. Juni 1941 für uns überraschend aus. Im ersten amtlichen Bericht, den Molotow im Rundfunk vorlas, nannte er die Hitler-Regierung „treubrüchig" – ein ungewolltes Geständnis: Die Sowjetregierung hatte sich wirklich fest und treu an diese Freundschaft gehalten. Als der deutsche Botschafter die Kriegserklärung überbrachte und Molotow stotterte: „Das haben wir nicht verdient", sprach er – was selten geschah – die Wahrheit.

Stalin nahm den unerwarteten „Treuebruch" mit Entsetzen auf und verfiel in eine schwere Depression. Erst am 3. Juli sprach er frühmorgens im Rundfunk. Er begann ganz ungewöhnlich: „Brüder und Schwestern, an euch wende ich mich, meine Freunde." Die bitteren, traurigen, aber mannhaften Worte klangen aufrichtig. Leichtes Glasklirren, Plätschern, er goß Wasser ein, schluckte... In diesen Minuten habe ich zum erstenmal ihn, den undurchsichtigen, den geheimnisvollen, schrecken- und manchmal auch mißtrauenerregenden Diktator als Mitmenschen empfunden, habe ihm vertraut...

Und dann am 6. November, im Schützengraben, südlich des Ilmensees. Jeden Tag regneten Flugblätter auf uns nieder: Wehrmachtsberichte – in schlechtem Russisch, aber deutlich genug – über den unaufhaltsamen Vormarsch auf Moskau, über das eingeschlossene Leningrad, über Hitlers Versprechen, noch vor Weihnachten den Krieg siegreich zu beenden. Abends schrie plötzlich ein Funker: „Stalin spricht aus Moskau!" Es war seine Stimme, sein schwerer georgischer Akzent, seine langsame Redeweise; er sprach über unsere Verluste, traurig, aber ruhig überlegen, scherzte verächtlich über Hitler und war absolut zuversichtlich: „Wir werden bald siegen!" – Am nächsten Morgen sprach er wieder, diesmal vom Mausoleum am Roten Platz. Im letzten Wehrmachtsbericht hatte es geheißen: „Deutsche Panzer sind an den Moskauer Stadtrand vorgestoßen." Doch wie stets und immer waren Truppen auf dem Roten Platz zur Festparade aufmarschiert, und Stalin redete zu ihnen fest überzeugt: „Der Sieg kommt in einem halben Jahr, in einem Jährchen." Und ganz ungewöhnliche Worte: „Möge euch das heilige Banner von Alexander Newskij und Suworow beschützen!"

Seit diesen Tagen wuchsen in mir Vertrauen und sogar herzliche Zuneigung zu ihm, dem Führer meiner Heimat und meiner Partei. Die ersten Siege – im Dezember vor Moskau, Tula, Kalinin und im Januar auch in unserem Abschnitt vor Staraja Russa – bestätigten seine Feldherrn-Autorität. Es kamen frische Divisionen aus Sibirien, neue Panzer – den T-34 bezeichneten die sachkundigen Wehrmachtsoffiziere als den besten auf der Welt; es kamen auch gänzlich neue Waffen: Raketengeschütze, die „Katjuschas" (deutsche Soldaten nannten sie Stalinorgeln). Für uns waren das alles Zeugnisse von Stalins strategischer und staatsmännischer Weitsicht. In seinem Befehl vom 23. Februar 1942 verkündete er: „Die Hitlers kommen und gehen, aber der deutsche Staat und die deutsche Nation bleiben." Wir empfanden diese Binsenweisheit als eine treffliche Abfuhr an die britischen und amerikanischen Imperialisten, die Deutschland endgültig vernichten wollten, und als Unterstützung für alle internationalistisch gesinnten Menschen auf der Welt, vor allem für solche Propaganda-Offiziere, wie ich einer war.*

1942 kamen neue Niederlagen und noch schlimmere als zuvor, schwerste Verluste: Odessa, Sewastopol, die ganze Ukraine, die Krim und der Nordkaukasus wurden von der Wehrmacht besetzt, die Hakenkreuzfahne flatterte auf dem Elbrus.

Doch dann das erlösende Wunder von Stalingrad, und weiter Sieg auf Sieg an allen Frontabschnitten – Kursk, Orjol, Kiew –, unaufhaltsam vorwärts, westwärts, über die alten und die neuen Grenzen hinweg... Jeder Sieg, jede frohe Nachricht blieb mit dem Namen des Marschalls, des Generalissimus Stalin verbunden; er galt als der Urheber, ihm war all das Gute, was wir geschaffen, erreicht, erfahren hatten, zu verdanken. Und an allem Schlimmen, Bösen, Beschämenden, was wir erlebten oder anrichteten, waren Verräter, Abweichler, verirrte Schwächlinge oder ungeschickte, dummeifrige Gefolgsleute schuld.

In Wirklichkeit aber war alles ganz anders. Von 1936 bis 1946 wurden 82 000 Menschen, darunter mehr als vier Fünftel aller höheren Offiziere des Heeres, der Luftwaffe, der Marine und viele Rüstungsfachleute, verhaftet und zum Teil umgebracht. Die Rote Armee verlor im Frieden mehr an Führungskräften, als eine nach schweren Niederlagen dezimierte Armee je verloren hatte. Im Juni 1941 waren weder die Streitkräfte noch die Rüstungsindustrie auf einen Krieg vorbereitet. Auch in den ersten beiden Kriegsjahren verursachten Stalins rücksichtslose Befehle, um jeden Preis anzugreifen, keinen Fußbreit zurückzuweichen, unzählige sinnlose Opfer.

Doch all das wurde in vollem Ausmaß erst viel später bekannt. Die meisten von uns brauchten Jahrzehnte, um zu erfahren und zu begreifen, wie das große Wunder unseres Sieges, die Zerschmetterung des Nazi-Reichs, wirklich errungen wurde. Den Krieg haben Millionen Soldaten und Partisanen, Abermillionen Arbeiter, Bauern, Intellektuelle durch übermenschliche Leiden, unter schwersten Opfern gewonnen; sie alle siegten nicht dank, sondern trotz Stalin.

E.T.A. Hoffmann hat solche Ereignisse poetisch-märchenhaft vorausgeahnt. Sein gräßlicher Zwerg „Klein Zaches genannt Zinnober" besaß eine magische Fähigkeit: sich fremde Leistungen und Heldentaten zuzuschreiben, dagegen aber seine Verbrechen und Missetaten anderen in die Schuhe zu schieben. Stalin ließ sich den Tatsachen zum Trotz rückwirkend als den Führer der Oktoberrevolution, als den besten Freund Lenins, als den größten Feldherrn des Bürgerkriegs glorifizieren. Die wirklichen Führer und Feldherren, seine Rivalen, brachte er um und – ein Leichenfledderer – beraubte sie des Ruhms für ihre Taten, stahl auch manche ihrer Ideen, indem er sie sich selbst zuschrieb. Dagegen erklärte er die Nöte, Niederlagen und Katastrophen, die durch seine Unfähigkeit, Feigheit, Inkompetenz und despotische Sturheit verursacht waren, zu Verbrechen seiner Gegner

* Im Januar 1945 in Ostpreußen berief ich mich auf diese Worte Stalins, als ich, entsetzt über die Gewalt- und Mordtaten unserer Rotarmisten, mit den Politoffizieren diskutierte, die die gemeinsten Ausschreitungen als „heilige Rache" rechtfertigen wollten. Doch meine Opponenten waren bessere Stalinisten, sie ließen mich unter der Anklage „Propaganda des bürgerlichen Humanismus" und „Zersetzung und Verleumdung der eigenen Truppe" verhaften. Bis Dezember 1954 blieb ich in Haft und wurde erst 1956 rehabilitiert.

oder auch unglückseliger ergebener Gefolgsleute. Die angeblichen Verschwörer oder Schwächlinge wurden kurzerhand hingerichtet.

Der Weltkrieg endete mit dem wohlverdienten Zusammenbruch des verbrecherischen Hitler-Staats und zugleich mit dem unverdienten Triumph des verbrecherischen Stalinschen Totalitarismus. Der Siegesrausch, die Freude aller Menschen an dem so ersehnten Frieden ließen die alten Hoffnungen und Illusionen wieder erwachen. Diejenigen, die schwer gelitten hatten, die vor und während des Kriegsgeschehens Opfer des eigenen Staates und Zeugen seiner Verbrechen geworden waren, die ihre nächsten Verwandten und Freunde verloren hatten, glaubten dennoch, daß dieser Staat — der beste in der Welt — mächtig und gerecht sei. Wer daran zweifelte, wie etwa ehemalige Kriegsgefangene und Ostarbeiter, die den kapitalistischen Westen anders erlebt hatten, als er in der sowjetischen Propaganda dargestellt wurde, kam in Gefängnisse, in Straflager, bestenfalls in Verbannung, so auch Zehntausende „unzuverlässiger" Letten, Litauer, Esten und Westukrainer.

Zur dauerhaften Legitimierung des totalitären Staates erschienen die Traditionen und die Mythen der alten zaristischen Großmacht am besten geeignet zu sein. Bereits vor dem Krieg wurden die alten Offiziers- und Generalsränge wiederhergestellt. Mitten im Krieg befahl der Generalissimus, die viele Millionen Mann starke Armee in neue Uniformen nach altem Muster zu kleiden.

Einen Nichtangriffspakt mit Japan besiegelte Stalin im April 1941 durch eine brüderliche Umarmung — erstmalig im diplomatischen Umgang. Die strikte Neutralität Japans gestattete dem sowjetischen Kommando in den schwersten Situationen von 1941/42, mehrere Divisionen aus dem Fernen Osten an die Fronten zu verlegen. Doch am 9. August 1945 überfielen sowjetische Truppen das bereits von zwei Atombomben niedergeschlagene Japan, und Stalin rechtfertigte dies als Vergeltung für die russischen Niederlagen von 1904/05 in Port Arthur und Tsuschima.

Noch vor 1939 gab es bereits in der Presse und in der Öffentlichkeit abfällige Äußerungen über ganze Völker — über Japaner, über Chinesen, hin und wieder über Deutsche; nach dem August 1939 wurden Deutsche nur lobend erwähnt, dagegen Polen und Finnen, manchmal auch Engländer und Franzosen verächtlich beurteilt.

Von 1941 bis 1945 und noch einige Jahre darüber hinaus war Deutschenhaß geboten. Die Parole „Proletarier aller Länder vereinigt euch!" verschwand von allen Zeitungstiteln und sonstigen Druckerzeugnissen, wohin sie unbedingt gehört hatte, und wurde durch den Aufruf „Tod den deutschen Okkupanten!" ersetzt. 1943 gab die Komintern ihre „Selbstauflösung" bekannt. In der Neujahrsnacht 1944 erklang statt der Internationale wie bisher die neue sowjetische Nationalhymne. Die Melodie erinnert an kirchliche Chormusik, die ersten Verse lauten:

> „Den unzerstörbaren Bund der freien
> Republiken
> Hat für ewig das große Rußland zusammengeschweißt..."

Wenn ein Historiker, ein Schriftsteller, ein Journalist in einer der Sowjetrepubliken über die Geschichte, über die nationale Kultur seines Volkes schrieb und dabei vergaß, den „älteren großrussischen Bruder" lobend zu erwähnen, wurde er als „bürgerlicher Nationalist" bestenfalls scharf kritisiert, sonst aber schwer gemaßregelt. Von 1941 bis 1945 wurden ganze Völker — Wolgadeutsche, Kalmücken, Krim-Tataren, Tschetschenen, Inguschen, Balkaren, Mescheten — zu Landesverrätern erklärt und ohne jegliche Ermittlung oder Gerichtsverfahren aus ihren heimatlichen Orten vertrieben, ihres Hab und Guts beraubt und für alle Zeiten verbannt.

Wissenschaftler und Literaten, die es wagten, irgend etwas über positive Einflüsse aus irgendeinem Ausland zu erwähnen, wurden als „heimatlose Kosmopoliten", „auslandsanbetende Speichellekker" verdammt und bestraft. Die Entwicklung Rußlands selbst in früheren Jahrhunderten sollte als absolut eigenständig geschildert und „nachgewiesen" werden. Alles, was jemals aus der Fremde gekommen war, sollte als schädlich gelten. Alle freiheitlichen Nationalbewegungen der vom Zarenreich unterdrückten Völker wurden als reaktionär bewertet und als von englischen oder türkischen Geheimdiensten angezettelte Verschwörungen gedeutet.

Nach einem besonderen Ukas von 1947 sollten Ehen und intime Beziehungen mit Ausländern als politische Verbrechen geahndet werden. Mein Freund, der Historiker und Schriftsteller Roman Pereswetow, war als Offizier Redakteur an einer sowjetischen deutschsprachigen Zeitung in Berlin. Er bat seine Vorgesetzten offiziell um Genehmigung, eine deutsche Journalistin zu heiraten. Dafür kam er für sieben Jahre in Straflager.

Je mächtiger der Staat wurde, desto sensibler reagierten seine Ideologen auf jegliche Abweichung. 1946/47 leitete der Chefideologe Schdanow lautstarke Hetzkampagnen ein: gegen die Dichterin Anna Achmatowa und den Satiriker Michail Soschtschenko, gegen die Komponisten Schostakowitsch, Prokofjew und Chatschaturjan. Sie wurden in besonderen Beschlüssen des Zentralkomitees der KPdSU als „ideenlose" oder sogar „antisowjetische Formalisten" grob beschimpft. Die Verunglimpfung der Schriftsteller und Künstler wurde sogar in Schulbüchern festgeschrieben.

1947 entstand als Ersatz für die Komintern das Kominform (Kommunistisches Informationsbüro) – ein Werkzeug der sowjetischen Außenpolitik –, das sich nicht auf den offiziellen diplomatischen Rahmen beschränkte, sondern eben totalitärideologisch und auch illegal wirken sollte.

Die totalitäre Großmacht – das Reich, das sich von der Elbe bis in die Dschungel von Vietnam ausdehnte und seit 1949 über eigene Atombomben verfügte – erschien allen möglichen Gegnern überlegen. Dennoch brach Jugoslawien 1948 aus dem kominform-konformen Bund der hörigen „Volksdemokratien" aus. Die Berlin-Blockade 1948/49 scheiterte am zähen, aber friedlichen Widerstand der Stadt und seiner westlichen Schutzmächte.

Im Herbst 1949 war ganz Festland-China von kommunistischen Armeen beherrscht. Aber damals wußte man weder im Osten noch im Westen, daß für Stalin der Sieg des unbotmäßigen, „bäuerlichen Abweichlers" Mao Tse-tung alles andere als erfreulich war. Mit ihm konnte er nicht so leicht fertig werden, wie er mit Tito noch fertig zu werden glaubte. Deswegen erzwang er von den chinesischen Genossen mehrere Konzessionen, die die mandschurische Eisenbahn und einige Flottenstützpunkte betrafen. 1950 stürmten nordkoreanische Truppen über die Demarkationslinie, und in wenigen Wochen eroberten sie den größten Teil von Südkorea.

Der imperialistische Staat nannte sich weiterhin sozialistisch, er beherrschte nicht mehr eine belagerte Festung, sondern vorstürmende und angriffsbereite Heere. Doch die ideologische Aufrüstung blieb wie Jahrzehnte zuvor – panisch defensiv: Überall witterte man Verschwörer, Spione, Diversanten, wollte immer wieder entlarven, säubern, ausmerzen. Die Schauprozesse in Bulgarien, Rumänien, Ungarn, Polen, in der Tschechoslowakei und in der DDR waren nach den gleichen Mustern programmiert wie die blutigen Moskauer Haupt- und Staatsaktionen der späten dreißiger Jahre.

Auf dem XIX. Parteitag, der nach mehr als dreizehnjähriger Pause im Oktober 1952 einberufen wurde, hielt der merklich gealterte Stalin nur eine kurze Rede; er forderte die Kommunisten aller Länder auf, für die nationalen Belange, für die nationale Souveränität ihrer Völker zu kämpfen. Damit meinte er vor allem friedliche und unfriedliche Kämpfe gegen die Autorität der UNO und der USA, deren Truppen in Südkorea die nordkoreanisch-chinesischen Angreifer bereits zurückdrängten. Dieser Stalinsche Appell an „internationale Nationalismen" sollte auch seinen Großmachtchauvinismus motivieren.

In den letzten Monaten seines Lebens war er bereits ein vollkommener Paranoiker. Er wurde von wilden Ängsten getrieben und ließ neun Kreml-Ärzte als „zionistische Verschwörer", als Terroristen, die ihm nach dem Leben trachteten, foltern. Gleichzeitig aber war er bereit, den Krieg in Korea zu einem dritten, einem atomaren Weltkrieg auszuweiten.

Stalin starb am 5. März 1953. Millionen Menschen beweinten ihn, darunter auch manche, die seine Opfer waren. Hunderte von Menschen wurden im Gedränge vor dem Haus, wo er aufgebahrt war, und auf den umliegenden Straßen zu Tode getrampelt – eine sinnbildliche Apotheose. Der überlebensgroße Klein-Zaches wirkte vampirisch auch nach seinem Tod.

Seine Mumie wurde in Lenins Mausoleum aufgebahrt und blieb dort noch acht Jahre lang. Nach der Geheimrede Chruschtschows vom Februar 1956, als er erstmals über Stalins despotische Selbstherrschaft berichtete, erschienen die neuen Führer der

KPdSU bei allen festlichen Gelegenheiten immer noch auf der Tribüne über der Lenin-Stalin-Gruft. Erst im Herbst 1961, nach der neuen Runde des Chruschtschowschen Schattenboxens mit dem „Personenkult“, ließ man Stalins Sarg aus dem Mausoleum herausholen und dahinter an der Kreml-Mauer begraben. Stalins Denkmäler wurden überall im Lande gestürzt; Städte, Kolchosen, Betriebe, Schulen und Straßen, die seinen Namen trugen, wurden umbenannt. Stalingrad hieß nun Wolgograd...

1953 glaubten die meisten Anhänger wie die Gegner der Sowjetunion, daß Stalins Tod eine entscheidende Wende in der UdSSR, im Ostblock und somit in der Weltpolitik zur Folge haben würde. Der Volksaufstand in der DDR am 17. Juni 1953 schien die Hoffnungen Churchills und Eisenhowers und die Ängste Molotows und Ulbrichts zu bestätigen. Doch die sowjetischen Panzer am Brandenburger Tor, die chinesischen Divisionen in Korea und die vietnamesischen Partisanen widerlegten die Hoffnungen der einen und beruhigten die Ängste der anderen. Die Fronten des Kalten Krieges blieben. Der Staatenblock um das sowjetische Imperium weitete sich in den folgenden Jahren sogar aus: in Südostasien, in Afrika, in Lateinamerika.

Noch lange werden Historiker, Philosophen, Soziologen und Psychologen über die verhängnisvoll paradoxen Kulte solcher kannibalischen Götzen wie Stalin, Hitler, Mao und Khomeini diskutieren müssen. Inmitten der wirklich großen Wende, die mit den Schlagworten Perestrojka und Glasnost bezeichnet wird, spukt der Ungeist des Völkermörders nicht nur in seiner georgischen Heimat.

Doch die jahrzehntelange und immer noch währende wechselreiche Geschichte der „Stalinologie“ wurde für mich und die meisten meiner Freunde zu einem mehr oder weniger gewundenen Weg aus den Sümpfen quasi-sozialistischer, eigentlich nur großmachtchauvinistischer Mythen und aus dem Dickicht ideologischer Dogmen hinaus in die Freiheit.

„Seit 5.45 Uhr wird zurückgeschossen . . ."

— mit diesem Satz bricht Hitler am 1. September 1939 den Zweiten Weltkrieg vom Zaun. Überall an der Grenze zu Polen reißen deutsche Truppen die rotweißen Grenzpfähle nieder und eröffnen die Kampfhandlungen. Mit dem deutsch-sowjetischen Pakt im Rücken fühlt sich Hitler abgesichert. Doch womit er nicht gerechnet hat: Frankreich und England lösen, wenigstens politisch, ihr Schutzversprechen für Polen ein und erklären Deutschland am 3. September den Krieg. Stalin kann diese Entwicklung nur recht sein — ist doch sein Vertragskumpan, das „Ungeheuer" Hitler, nun auch im Westen militärisch gebunden. Daß er durch seinen „Teufelspakt" mit Hitler zum Mitschuldigen am Ausbruch des Zweiten Weltkriegs wird, stört den Zyniker im Kreml nicht im geringsten. Jedenfalls vorerst nicht.

Hitler und Stalin teilen das besiegte Polen auf

Mit ihrer geballten Vernichtungskraft überrennen Hitlers Armeen das militärisch unterlegene Polen. Das Land verwüstet, auf den Schlachtfeldern und in den Städten Hunderttausende toter Soldaten und Zivilisten – am 28. September kapitulieren die polnischen Streitkräfte. Deutschland versinkt im Freudentaumel über des Führers „Blitzsieg". Und Stalin holt sich, wie abgesprochen, seinen Beuteanteil: Die Rote Armee dringt in Ostpolen ein, macht fast 300 000 „Kriegsgefangene", verhaftet alle polnischen Offiziere, die meisten Intellektuellen, Geistlichen, Politiker, Gewerkschaftsführer und Journalisten. Polen existiert nicht mehr. Die Welt hält sprachlos den Atem an. Frankreich und England, schlecht gerüstet und in den vergangenen Jahren auf eine Besänftigung Hitlers fixiert (Appeasement-Politik), müssen sich nun ernsthaft auf eine kriegerische Auseinandersetzung mit den siegestrunkenen Deutschen einrichten.

Freundschaftlicher Händedruck – doch der Überfall wird schon vorbereitet

Deutsche und sowjetische Offiziere begrüßen sich freundschaftlich am Bug bei Brest-Litowsk, der „Demarkationslinie“ mitten im aufgeteilten Polen. Während Hitler der SS die Ausrottung der polnischen Intelligenz im „Generalgouvernement“ befiehlt, besetzt die Rote Armee die baltischen Staaten. Finnland wehrt sich gegen die sowjetische Okkupation und leistet in einem aufopfernden Krieg heftigen Widerstand. Nach dreieinhalb Monaten gibt Stalin im März 1940 den Feldzug auf und schließt Frieden mit dem kleinen Finnland. Hitler ist nach diesem Debakel überzeugt, daß die Rote Armee weit schwächer ist, als er bisher angenommen hat. Nach seinen „Blitzsiegen“ im Westen wirft er die militärische Planung um: Die Niederwerfung Englands wird „zurückgestellt“ und statt dessen die Eroberung von „Lebensraum“ im Osten vorgezogen – Hitlers eigentliches, schon in „Mein Kampf“ angekündigtes Kriegsziel. Seine Feldmarschälle sind sicher, die desolate UdSSR in acht Wochen in die Knie zwingen zu können.

Munition für den Vaterländischen Krieg

Moskau, Juli 1941: In einer Fabrik füllen Arbeiterinnen Flaschen mit Benzin und Phosphor, sogenannte „Molotow-Cocktails“, zur behelfsmäßigen Panzernahbekämpfung. Hitlers Überfall am 22. Juni hat die Rote Armee überrascht, die Rüstungsindustrie ist auf einen großen Krieg noch nicht vorbereitet. Stalin ist entsetzt und niedergeschlagen. Zwar ist er von seinem Geheimdienst und auch von Churchill gewarnt worden, aber das hat er seinem Vertragspartner Hitler zu diesem Zeitpunkt nicht zugetraut. Scheinbar unaufhaltsam walzen 156 deutsche Divisionen jeden Widerstand nieder und dringen immer tiefer in das Riesenreich ein. Stalin fängt sich, mobilisiert den Verteidigungswillen seiner Untertanen – nun keine „Genossen“ mehr, sondern „Meine lieben Freunde, Brüder und Schwestern“ –, und übernimmt als Oberkommandierender den Vorsitz des Staatlichen Verteidigungskomitees (GKO). Churchill schließt mit ihm einen Beistandspakt gegen den „Landstreicher Hitler“; die USA erklären sich zu umfangreichen Waffenlieferungen bereit.

LENINGRAD, NEVSKY PROSPECT
1941

Das Martyrium von Leningrad

Leningrad, Winter 1941/42: Bürger der eingeschlossenen Stadt stehen nach Trinkwasser an. Von allen Versorgungswegen abgeschnitten, unter ständigem Artilleriebeschuß und schwerstem Luftbombardement, widerstehen die Leningrader drei furchtbare Jahre lang den deutschen Belagerern. Mehr als eine Million Menschen kommen um, verhungert, erfroren, verblutet. Das Martyrium der Stadt an der Newa trägt entscheidend dazu bei, den sowjetischen Widerstandsgeist zu stärken. Stalin versteht es, fern klassenkämpferischer Ideologie, Patriotismus und Heimatliebe zu aktivieren für den „Großen Vaterländischen Krieg". Hitler nimmt das erste Warnzeichen dieser erwachenden nationalen Energie nicht wahr, als der deutsche Vormarsch im Dezember 1941 in der Eiswüste vor Moskau steckenbleibt. Im Hinterland der eroberten Gebiete wüten Einsatzkommandos der SS und der Wehrmacht unter der Zivilbevölkerung, die die Deutschen in vielen Orten anfangs noch als Befreier begrüßt hatte. Stalin wundert sich mit Recht über „Hitlers dumme Politik, die die Völker der Sowjetunion zu geschworenen Feinden des heutigen Deutschland macht".

Stalingrad – die Wende des Krieges

In der erbitterten Schlacht um die Industriestadt an der Wolga bleibt im Winter 1942/43 kein Stein mehr auf dem anderen (oben: eine der letzten deutschen Luftaufnahmen). Ende November wird die 6. deutsche Armee, die im Herbst 1942 zwei Drittel der Stadt eingenommen hat, von der Roten Armee eingekesselt. Haus um Haus, Ruine um Ruine erobern die Sowjetsoldaten die Stadt zurück (unten). Doch Hitler verbietet den Ausbruch, fordert Durchhalten bis zum Letzten: „Ich höre grundsätzlich immer erst fünf Minuten nach zwölf auf!“ Das Ende ist unvermeidlich. Am 31. Januar kapituliert Generalfeldmarschall Paulus. 90 000 deutsche Soldaten marschieren in Gefangenschaft, 146 000 sind gefallen. Die psychologische Wirkung ist enorm – es ist der erste Sieg der Sowjets über die „deutschen Räuber“. Und das in einer Stadt, die Stalins Namen trägt. Eine Welle der Sympathie und Anerkennung schlägt dem Kremlmächtigen in den Ländern der Alliierten entgegen. Die amerikanische „Time“ wählt Stalin zum „Mann des Jahres“.

Das Massaker von Katyn

Im April 1943 werden im Wald von Katyn, unweit von Smolensk, die Massengräber von 4143 polnischen Offizieren entdeckt, die 1939 beim Einmarsch der Roten Armee in Ostpolen gefangengenommen und im Jahr darauf erschossen worden sind. Die Nazis laden eine Untersuchungskommission des Internationalen Roten Kreuzes zu einem Lokaltermin ein und nutzen die grauenvolle Entdeckung zu einem Propagandafeldzug gegen die „bolschewistischen Untermenschen". Mit dieser heuchlerischen Empörung versucht Hitler die eigenen Verbrechen zu vertuschen: die in vollem Umfang anlaufende „Endlösung der Judenfrage" in den Gaskammern der Konzentrationslager und die zunehmende Verrohung der seit Stalingrad zurückweichenden deutschen Truppen. Stalin, auf Ansehen bei seinen westlichen Alliierten bedacht, streitet die Verantwortung für das Massaker bei Katyn ab. Erst fünfzig Jahre später, anläßlich eines Staatsbesuchs des polnischen Präsidenten Jaruzelski im April 1990, erklärt die sowjetische Regierung dem polnischen Volk ihre tiefe Betroffenheit und ihr Bedauern über diesen Massenmord, der von Stalins Geheimpolizei NKWD unter Berija verübt worden sei.

Titos Partisanen bringen die Deutschen in Bedrängnis

Der kommunistische Partisanenführer Tito, hier 1944 mit seinem Stab in einem Felsenversteck, bringt die deutschen Truppen in Jugoslawien in schwere Bedrängnis. Schon damals behauptet Tito gegenüber Moskau einen eigenen Weg. Seine Untergrundkämpfer tragen rote Sterne an den Mützen, was Stalin scharf verurteilt. Der Kremlherrscher hat, um den verbündeten Alliierten die Angst vor einer kommunistischen Weltrevolution zu nehmen, gerade die Komintern aufgelöst und in der UdSSR die Internationale („Völker hört die Signale ...") durch eine neue Nationalhymne ersetzt. Nach dem Krieg widersetzt sich Tito dem politischen Hegemonieanspruch der Sowjets und bricht mit Moskau: „Niemand darf sein Vaterland weniger lieben als Sowjetunion!" Er ruft sich auf Leni und verkündet, d jeder kommunisti Staat das „Recht seinen eigenen W zum Sozialismus habe. Stalins blin

…über den jugosla-…chen Rebellen ver-…t. „Ich brauche …meinen kleinen …ger zu rühren, und …a wird es keinen …mehr geben." Zu-…men mit den Prä-…nten in Indien und Ägypten, Nehru und Nasser, bildet Tito Mitte der fünfziger Jahre eine Allianz der blockfreien Staaten („Dritte Welt").

Rumänien bejubelt die Rote Armee

Die rumänische Bevölkerung feiert im August 1944 die Befreiung ihrer Hauptstadt Bukarest. Unaufhaltsam dringt die Rote Armee von Südosten auf Deutschland vor: Aus Bulgarien, Ungarn, Jugoslawien und schließlich auch aus der Tschechoslowakei werden Hitlers Truppen vertrieben. Der „Befreier“ Stalin handelt im Oktober 1944 in Moskau mit Churchill eine Interessenabgrenzung in Südosteuropa aus: Rumänien soll – so Churchills Vorschlag – zu 90 Prozent, Bulgarien zu 75 Prozent, Jugoslawien und Ungarn zu je 50 Prozent unter sowjetischen Einfluß kommen. Stalin geht davon aus, daß Churchill im Namen aller westlichen Alliierten spricht und damit die sowjetische Vorherrschaft in Osteuropa besiegelt sei. Das ist, besonders aus der Sicht der Vereinigten Staaten von Amerika, ein folgenschwerer Irrtum, der nach dem Krieg eine der Ursachen für den Kalten Krieg werden wird.

MOARTE
Cotropitorilor germani
şi tradătorilor de ţară
din slujba lor!

Aus Angst vor Rache – Flucht aus der Heimat

Mit Beginn der sowjetischen Großoffensive am 12. Januar 1945 setzen sich Tausende von Flüchtlingstrecks Richtung Westen in Bewegung. In panischer Angst vor den Racheausbrüchen der Roten Armee versuchen die Deutschen im Osten, sich zu Fuß und mit Pferdewagen in Sicherheit zu bringen. Die Greueltaten der Deutschen an der Front und im russischen Hinterland, das Sengen und Brennen, das Plündern und Morden der zurückflutenden deutschen Truppen haben tiefen Haß und verzweifelte Wut erzeugt. Hetzaufrufe von Hitlers Propagandaminister Goebbels und feurige Appelle von Stalins Parteidichter Ilja Ehrenburg schüren die Gnadenlosigkeit auf beiden Seiten ins Unermeßliche. Hitlers hirnverbrannte Politik, Rußland auszulöschen und das Riesenland zu kolonisieren, hat die Sowjetvölker mehr als zwanzig Millionen Menschen gekostet, darunter 7 Millionen Zivilisten – der höchste Blutzoll aller Nationen, die an diesem Krieg beteiligt waren. Die Vergeltung wird furchtbar. Hunderttausende deutscher Zivilisten müssen das mit ihrem Leben bezahlen.

Berlin fällt: „Der Sieg ist da!“

Russische Soldaten hissen Anfang Mai 1945 auf dem Berliner Reichstagsgebäude die rote Fahne. Stalin lobt Eisenhowers „noblen Charakter“, da er seine US-Truppen an der Elbe angehalten und der Roten Armee die Eroberung Berlins überlassen hat. Am 9. Mai erscheint in der „Prawda“ Stalins letzter Tagesbefehl: „Der Sieg ist da!“ Und er erinnert an einen seiner früheren Tagesbefehle: „Die Hitler kommen und gehen, aber das deutsche Volk bleibt.“ Churchill beglückwünscht seinen „Freund Stalin“, warnt aber bereits vor der Gefahr einer Spaltung, die „die Welt in Stücke reißen würde, wobei wir führenden Männer auf beiden Seiten . . . uns vor der Geschichte schämen müßten“. Die Siegermächte teilen das total zusammengebrochene Deutschland in vier Besatzungszonen ein. Bereits am 1. Mai, also noch vor Beendigung der Kampfhandlungen, hat die Rote Armee die „Gruppe Ulbricht“ nach Berlin gebracht, kommunistische deutsche Emigranten, die sich, von der sowjetischen Militärregierung unterstützt, von Anfang an in ihrer Besatzungszone die Schlüsselpositionen in Verwaltung und Wirtschaft sichern.

„Stalin ist besser informiert"

Mit einem Händedruck eröffnen Churchill, Truman und Stalin im Juli 1945 die Konferenz der Sieger in Potsdam. Hauptthema ist zunächst neben Reparationen und Demontagen die weitere Behandlung Deutschlands: Die Nordhälfte Ostpreußens wird der Sowjetunion, das übrige Ostdeutschland bis zur Oder-Neiße-Linie Polen zur Verwaltung übergeben; die „Aussiedlung" der deutschen Bevölkerung („in humaner Form") aus Polen, der Tschechoslowakei und Ungarn gebilligt. Stalin zeigt sich seinen Verhandlungspartnern überlegen. US-Botschafter Harriman: „Er ist einfach besser informiert und realistischer." Selbst Trumans überraschende Mitteilung gegen Ende der Konferenz, daß die USA soeben in der Wüste von New Mexico die erste Atombombe gezündet haben, nimmt er gelassen hin, bedankt sich lediglich für die Information. Sehr bald wird klar, daß die unterschiedlichen Interessen der Sieger unvereinbar sind. Stalin lehnt jede Einmischung in die Angelegenheiten der von der Roten Armee in Mittel- und Osteuropa beherrschten Länder ab. Die Westmächte bleiben ohne Mitspracherecht im neugewonnenen Machtbereich der Sowjets. Stalins Sowjetunion ist zur Weltmacht neben den USA aufgestiegen.

Bürgerkrieg in Griechenland

Kommunistische Partisanen, bereits im Widerstand gegen die deutschen Besatzer straff organisiert, setzen im Kampf gegen die bürgerlich-monarchistische Nachkriegsregierung auch Frauenkader ein. ein. Die Kommunisten wollen ein sozialistisches Griechenland, das streng nach Moskauer Richtlinien regiert werden soll. Drei Jahre lang wird mit grausamer Härte um die Macht gerungen. Stalin gibt politischen Rat, überläßt aber die militärische Hilfe den kommunistischen Nachbarstaaten Jugoslawien, Bulgarien und Albanien. Amerikas Präsident Truman verkündet 1947 die nach ihm benannte Doktrin, um den „in ihrer Freiheit bedrohten freien Völkern" Unterstützung gewähren zu können. Dank der nun von den USA kommenden massiven Hilfe kann die griechische Nationalarmee den Bürgerkrieg für sich entscheiden. Im September 1949 kapitulieren die kommunistischen Streitkräfte unter General Markos. Auch in der Türkei können die USA das sowjetische Vordringen erfolgreich stoppen und so im östlichen Mittelmeer zwei wichtige Eckpfeiler für die Nato sichern.

Die Kommunisten siegen in Prag

Rote Arbeitermilizen marschieren im Februar 1948 zum Putsch auf. Nach Auseinandersetzungen mit ihren nichtsozialistischen Koalitionspartnern reißen die Kommunisten (mit fast 40 Prozent die stärkste Partei) die alleinige Macht in der Tschechoslowakei an sich. Polizei und Militär, systematisch von Kommunisten unterwandert, halten still. Die Rote Armee hat das Land nach der Befreiung vom deutschen Joch bereits 1945 wieder verlassen. KPČ-Chef Klement Gottwald löst den Volkssozialisten Eduard Beneš als Staatspräsident ab, der sich geweigert hat, die neue volksdemokratische Verfassung nach sowjetischem Muster zu unterzeichnen. Mit Billigung des Kremls kündigt Gottwald auf einer Kundgebung (linkes Foto, am Mikrofon) eine rücksichtslose Säuberung an. Damit ist Stalins Sowjetisierung in Ost- und Mitteleuropa abgeschlossen — die Volksrepubliken Polen, Bulgarien, Rumänien, Ungarn und die ČSSR sind unter der Führung der Sowjetunion zum Ostblock fest zusammengeschweißt. Die alliierte Kriegskoalition der Siegermächte ist endgültig auseinandergebrochen, die Ost-West-Konfrontation bestimmt die Politik des Kalten Krieges.

Ein Jahr Blockade in Berlin

Berlin 1948: Flugzeuge der Westalliierten („Rosinenbomber“) versorgen über eine Luftbrücke die Bevölkerung in den amerikanischen, britischen und französischen Sektoren der Trümmerstadt. Die Sowjets blockieren

seit dem 24. Juni alle Zufahrtswege nach West-Berlin. Sie versuchen, ganz Berlin unter ihre Kontrolle zu bringen. Der vorgeschobene Anlaß: Die Währungsreform in den Westzonen (20. Juni), die nach der unmittelbar darauf erfolgenden Geldumstellung in der Ostzone (23. Juni) auch in West-Berlin durchgeführt wird. Der Kalte Krieg droht heiß zu werden. Doch Stalin hat den Bogen überspannt. Er muß erkennen, daß Berlin für die Amerikaner der „Point of no return“ ist. Auf einer Großkundgebung vor der Reichstagsruine rühmt Oberbürgermeister Ernst Reuter (Foto rechts) den Widerstandswillen der 2,5 Millionen Berliner, die elf Monate lang Hunger, Kälte und Dunkelheit erdulden: „Völker der Erde, schaut auf diese Stadt!“ Am 12. Mai 1949 gibt Stalin das riskante Spiel mit dem Feuer auf — West-Berlin ist wieder frei.

Deutschland ist geteilt

Wilhelm Pieck, erster Präsident der am 7. Oktober 1949 gegründeten Deutschen Demokratischen Republik, wird vor Schloß Niederschönhausen von einer Ehrenkompanie der Volkspolizei zackig empfangen. Regierungschef wird Otto Grotewohl, der im April 1946 als Vorsitzender der Ost-SPD unter massivem Druck der sowjetischen Besatzungsmacht der Verschmelzung mit der KPD zur SED zugestimmt hat. Zwar versicherten die Kommunisten, die neugegründete SED wolle keine „Diktatur des Einparteiensystems" aufrichten. Aber das ist drei Jahre später längst vergessen. Walter Ulbricht hat die SED nach dem terroristischen Vorbild der KPdSU zur alles beherrschenden Staatspartei gedrillt. SPD-Funktionäre und bürgerliche Politiker, die sich wehren, werden verhaftet oder flüchten in den Westen. Stalin telegrafiert an Präsident Pieck: „Unsere beiden Völker können Taten von Weltbedeutung vollbringen." Doch während die Westmächte die im Mai 1949 gegründete Bundesrepublik mit Marshallplan-Hilfe aufpäppeln, holt Stalin die Reparationen, die er von ganz Deutschland haben sollte, nun allein aus der DDR – ohne sich daran zu kehren, daß der neue Staat darüber fast zusammenbricht.

Der Koreakrieg schürt die Angst vor der „roten Flut“

Mit dem Koreakrieg von 1950-53 gerät die Welt zum erstenmal an den Rand eines Atomkrieges. Am 25. Juni überschreiten nordkoreanische Truppen den 38. Breitengrad und erobern ganz Südkorea bis auf den Brückenkopf Pusan. Im Auftrag der UNO schlagen US-Fallschirmtruppen und von See angelandete Infanterieregimenter (oben links und rechts) die kommunistischen Eindringlinge zurück, stoßen jedoch überraschend auf starke chinesische Freiwilligenverbände. Die Kämpfe wogen hin und her (unten links: brennendes südkoreanisches Dorf; rechts: nordkoreanische Gefangene). Den UNO-Truppen droht ein Fiasko. Stalin, seit August 1949 ebenfalls im Besitz von Kernwaffen, hält sich zurück, um eine direkte Konfrontation der beiden Supermächte zu vermeiden. Auch US-Präsident Truman taktiert mit Umsicht. Als der amerikanische Oberkommandierende General MacArthur den Chinesen 1951 droht, ihre Luftbasen in der Mandschurei mit Atombomben anzugreifen, wird er aller seiner Posten enthoben. Der nordkoreanische Überfall schürt in Europa die Kommunistenangst. Die Alliierten überlegen, im strategischen Vorfeld des Eisernen Vorhangs eine bundesdeutsche Verteidigung aufzubauen. Adenauer schlägt den Westmächten offiziell die Wiederbewaffnung Westdeutschlands vor.

Trauer um den toten Stalin

Am 5. März 1953 stirbt Josef Stalin nach einer Gehirnblutung in seiner Datscha „Blischni" bei Kunzewo. Seine Tochter Swetlana: „Er erstickte buchstäblich vor unseren Augen." Bei den Trauerfeierlichkeiten vor dem Lenin-Mausoleum auf dem Roten Platz werden fünfhundert Menschen zu Tode gedrückt. Noch Monate vor seinem Tod hat der 73jährige Diktator eine letzte große „Säuberung" in Gang gesetzt, der vor allem Juden („Kosmopoliten") und prominente Ärzte („Agenten der Amerikaner") zum Opfer fielen. Der besonnene, traditionelle „vaterländische" Gefühle weckende Kriegsherr hatte sich nach 1945 wieder in den Unterdrücker und Tyrann zurückverwandelt. Millionen verbannte er in „Besserungslager", dem von Solschenizyn beschriebenen GULAG-Archipel: „Ganze Nationen wurden in die Abflußrohre gepumpt." Swetlana über den körperlichen und geistigen Verfall des Vaters: „Ich beobachtete Tag für Tag, wie ihn alles Menschliche verließ und er immer mehr zu einem finsteren Monument seiner selbst wurde." Und trotzdem hält die Welt im März 1953 für einen Moment den Atem an – wohin wird die kommunistische Weltmacht UdSSR steuern, ohne den Mann, der in drei Jahrzehnten dem Land und schließlich auch der Welt sein Siegel aufgeprägt hat?

ЧЛЕНОВ АРТЕЛИ

Chruschtschow schafft den Sprung zur Supermacht

Von Heinrich Jaenecke

Am 5. März 1953, abends um 21.50 Uhr, starb der Mann, der sich Stalin nannte. Seit dem Altertum hatte kein einzelner Mensch so unumschränkte Gewalt über so weite Gebiete der Erde ausgeübt. Als sein Herz stillstand, schien auch die Weltuhr für eine Sekunde stillzustehen. Ein Alptraum war gebrochen, und ein Gefühl von Erlösung und Befreiung lief um den Globus. Doch es gab auch Erschütterung und fassungslose Trauer. Millionen Menschen in- und außerhalb der Sowjetunion hatten den Pol ihres Daseins verloren.

Im Zentrum des Imperiums breitete sich Lähmung aus. Das gesamte Machtsystem war auf diesen einen Mann zugeschnitten. Sein Wort, sein Lächeln, sein Zorn, sein Schweigen waren das oberste Gesetz für ein Sechstel der Erde. Jetzt herrschte nur noch eine beklemmende Stille in dieser Datscha bei Moskau, wo Stalin auf dem Totenbett lag. Die Mitglieder des Parteipräsidiums, wie sich das Politbüro seit dem Vorjahr nannte, umstanden den Leichnam. Sie alle waren Geschöpfe dieses Mannes, und sie alle hatten vor ihm gezittert. Wenn sie auch sonst nichts verband, in einem waren sie sich in dieser Stunde einig: Einen neuen Stalin durfte es nicht geben.

Die historische Erfahrung hätte vermuten lassen, daß auf den Tod des Tyrannen eine farblose Übergangsfigur folgte, ein Pausenfüller, dessen Name bald vergessen sein würde. Doch zur Überraschung der Welt trat das Gegenteil ein. Der Mann, der auf Stalin folgte, wurde der erste große Beweger nach der Erstarrung des Sowjetsystems, ein Brückenbauer in die Zukunft.

Nikita Sergejewitsch Chruschtschow war in jeder Beziehung ein Gegenpol zu Stalin: dynamisch, offen, impulsiv, ein Bauernsohn und Proletarier, der seine Schwächen nicht verbarg, sondern seine urtümliche Persönlichkeit souverän ausspielte. Er war der erste sowjetische Führer, der sich nicht scheute, Fremde auf Tuchfühlung an sich herankommen zu lassen, der es genoß, von Fotografen umringt zu sein, der erste auch, der unverhüllte Neugier auf die Außenwelt zeigte und den Ring der Selbstisolation durchbrach.

Stalin verließ die Sowjetunion nur zweimal. Während des Krieges reiste er zur Gipfelkonferenz nach Teheran (auch dort residierte er in hermetischer Abriegelung) und 1945 zur Potsdamer Konferenz. Chruschtschow dagegen umkreiste die Welt. Er sah die Wolkenkratzer New Yorks, die Chinesische Mauer, den Buckingham Palast, die Champs Élysées, das Taj Mahal, die Pyramiden und die Schweizer Alpen. Kein russischer Herrscher, Zar Nikolaus nicht ausgenommen, war bis dahin so weit gereist.

Elf Jahre lang beherrschte das kugelige ukrainische Bauerngesicht Chruschtschows die Bühne und provozierte abwechselnd Hoffnung und Schrecken, Bewunderung und Hohngelächter. Immer aber war es das unverhüllt Menschliche an diesem Mann, das die Welt faszinierte.

Chruschtschow eroberte die Macht nicht im Handstreich, sondern in Etappen. Bei der Ämterverteilung nach Stalins Tod wurde ihm die Parteiführung übertragen, während Georgij Malenkow, einst der engste Vertraute Stalins, die Regierung übernahm. Die wirkliche Macht im Staate besaß jedoch weder der Ministerpräsident noch der Parteichef, sondern Innenminister Lawrentij Berija, der langjährige Chef des Terrorapparates. Stalin hatten die Genossen gefürchtet, Berija haßten sie. Wenn es keinen neuen Stalin geben sollte, dann mußten

Stalins Erben den Mächtigsten unter ihnen beseitigen.

Nikita Chruschtschow zog die Fäden der Konspiration. Es war ein lebensgefährliches Unternehmen, aber es gelang überraschend glatt. Am 26. Juni 1953 wurde Berija im Kreml auf einer gemeinsamen Sitzung des Ministerrats und des Parteipräsidiums überrumpelt und von Marschall Schukow, dem Eroberer Berlins, persönlich festgenommen – so jedenfalls Chruschtschows eigene Darstellung. Ein halbes Jahr später, am 23. Dezember 1953, wurde Berija nach einem Geheimprozeß erschossen. Es war die letzte Liquidierung im Stalin-Stil: Der Mann, der Zehntausende in den Tod geschickt hatte, endete auf die gleiche Weise wie seine Opfer.

Die Hinrichtung Berijas war der erste Schlag gegen das Terror-System, das aus Rußland eine Alptraumwelt gemacht hatte. Doch noch immer lag der Schatten Stalins über dem Land. „Drei Jahre lang waren wir unfähig, mit der Vergangenheit zu brechen“, sagt Chruschtschow in seinen Erinnerungen. „Es war so, als seien uns durch unsere eigenen Taten unter der Führung Stalins die Hände gefesselt, als könnten wir uns auch nach seinem Tod nicht von seiner Macht befreien.“

In dieser Zeit des Zwielichts baute Chruschtschow seine Position aus. 1955 gelang es ihm, seinen ungeliebten Partner an der Machtspitze auszuwechseln. Ministerpräsident Malenkow wurde zum Kraftwerks-Minister degradiert (und zwei Jahre später als „Parteifeind“ zusammen mit Molotow und Kaganowitsch aller Ämter entkleidet). Nachfolger Malenkows als Regierungschef wurde der farblose Marschall Nikolaj Bulganin. Mit ihm als Nebenmann machte sich Chruschtschow auf den langen Marsch zur Entstalinisierung des Stalinreiches.

Der erste dramatische Schritt war der Canossa-Gang der Kremlführung zu Tito, dem Erzketzer, den Stalin mit dem Bannfluch der roten Kirche belegt hatte. Im Mai 1955 trafen die Moskauer Dioskuren auf ihrer ersten Auslandsreise in Belgrad ein und umarmten den jugoslawischen Staatschef, der es als erster gewagt hatte, sich der Vormundschaft Moskaus zu entziehen.

Tito empfing die Besucher mit eisiger Herablassung. „Als wir auf das Thema des Terrors kamen und Berija als den Schuldigen für die Verbrechen der Stalinzeit erwähnten, lächelten die jugoslawischen Genossen verächtlich und machten sarkastische Bemerkungen“, schreibt Chruschtschow. „Wir waren verärgert und stürzten uns in eine lange Debatte zur Verteidigung Stalins.“ Zum erstenmal, so Chruschtschow, habe er damals „die Unaufrichtigkeit unserer Haltung“ empfunden.

Die Begegnung mit Tito bestärkte Chruschtschow, selbst zum offenen Angriff überzugehen. Die Gelegenheit bot sich im nächsten Jahr mit dem XX. Parteitag, dem ersten seit dem Tode Stalins.

Die 1424 Delegierten versammelten sich am 14. Februar 1956 in Moskau, ohne zu ahnen, was sie erwartete. Erst am zehnten Beratungstag, nach endlosen Routinedebatten, stieg der Erste Sekretär noch einmal auf das Podium und hielt jene Rede, die die kommunistische Welt veränderte.

Chruschtschows „Geheimrede“ (sie wurde unter Ausschluß der Öffentlichkeit gehalten und erst 33 Jahre später in Moskau veröffentlicht) zählt zu den großen Dokumenten der Geschichte. Sie enthielt keine sensationellen Enthüllungen. Was sie „entlarvte“, war außerhalb der geschlossenen Anstalt Sowjetunion längst bekannt: daß das Regime Stalins auf Terror gegründet war; daß unschuldige Menschen zu Tausenden gefoltert und gemordet wurden; daß die Wahrheit geknebelt und die Lüge verherrlicht wurde; daß es kein Recht und keine Gerechtigkeit gab; daß eine einzige Person die Macht in Partei und Staat usurpiert hatte und daß dies alles im Widerspruch zu der Lehre stand: „Daß es“, wie Chruschtschow sagte, „unzulässig und dem Geist des Marxismus-Leninismus zuwider ist, eine Person herauszuheben und sie zu einem Übermenschen zu machen, der gottähnliche, übernatürliche Eigenschaften besitzt, zu einem Menschen, der alles weiß, alles sieht, für alle denkt, alles kann und in seinem Verhalten unfehlbar ist.“

Chruschtschows Abrechnung richtete sich nicht gegen die ideologischen Grundlagen der Parteidiktatur. Er sprach auch nicht von den unbeschreiblichen Leiden des russischen Volkes, sondern nur von den Greueln, die den Parteimitgliedern, zumal den treuesten, widerfahren waren. Er griff nicht das System an, sondern nur seine „Entartungen“. Dennoch traf seine Kritik das Dogma in seinem Kern.

Sie erschütterte das Fundament, auf dem das Gebäude des Sowjetstaates und der kommunistischen Weltbewegung ruhte: den Glauben nämlich, daß „die Partei" sakrosankt sei, daß die Bewegung absoluten historischen Gesetzen folge und also unfehlbar sei. Daß somit – was immer auch geschehen mochte – der Zweck die Mittel heilige.

All dies war jetzt in Frage gestellt. Der Tempel war entweiht. Chruschtschow hatte die Ikonostase zertrümmert und die Fratze des Verbrechens enthüllt. Die Folge mußte der unaufhaltsame Zerfall des ganzen Gebäudes sein. Natürlich hat Chruschtschow dies nicht gewollt, noch hat er es vorausgesehen. Er wollte nicht Zerstörer, sondern Reformer sein. Er glaubte fest an den Erfolg des Kommunismus. „In den nächsten zehn Jahren", erklärte er 1961, „wird die Sowjetunion die Erste Industriemacht der Welt sein und die USA sowohl in der absoluten Produktion wie auch in der Pro-Kopf-Zahl überholen." Er war davon überzeugt, daß der Sozialismus siegen werde, wenn man ihn nur von den Entartungen des Stalinismus befreite.

Mit dem XX. Parteitag bricht das erste Tauwetter an. Tausende von politischen Häftlingen werden entlassen, Tausende von Stalin-Opfern postum rehabilitiert. Der Name des Tyrannen wird überall getilgt, sogar die Stadt, die nach ihm benannt war, in Wolgograd umgetauft. 1961 schließlich läßt Chruschtschow den Leichnam Stalins aus dem Lenin-Mausoleum entfernen. Damit ist das letzte Tabu gebrochen – Zeichen für die Unumkehrbarkeit der Entdogmatisierung.

Die Entstalinisierung berührt auch den bis dahin monolithischen Block des Weltkommunismus. Schon unmittelbar nach Stalins Tod war das Kominform, die zentrale ideologische Leitstelle, aufgelöst worden. In der Belgrader Erklärung von 1955 proklamierte Moskau das Prinzip der „Nichteinmischung" in die Angelegenheiten der anderen Parteien und erklärte, daß es „verschiedene Wege zum Sozialismus" gebe. Doch diese Linie gerät bald in Widerspruch zu den außenpolitischen Machtinteressen der Sowjetunion.

Nach dem XX. Parteitag zeigen sich erste Haarrisse im Bündnis Moskau-Peking. Fünf Jahre später kommt der Konflikt offen zum Ausbruch. Mit scharfen Angriffen gegen Albanien nimmt Chruschtschow den Fehdehandschuh auf, den ihm Mao Tse-tung hingeworfen hatte, indem er die Moskauer Führung als „Revisionisten" und die „friedliche Koexistenz" als „bürgerlich-pazifistisches Kapitulantentum" denunzierte. Der Bruch wird nie mehr geheilt.

Die dramatischsten Folgen aber hat der XX. Parteitag in den osteuropäischen „Bruderstaaten". Der nachlassende Außendruck läßt den Kessel explodieren. In Polen bricht im Sommer 1956 der offene Aufruhr aus. Das stalinistische Marionettenregime muß die Macht an den populären, soeben aus der Haft entlassenen Wladislaw Gomulka abtreten, der Reformen und Liberalisierung verspricht.

Auf dem Höhepunkt der Krise, im Oktober 1956, landet Chruschtschow mit der gesamten Moskauer Führungsspitze überfallartig in Warschau, um Gomulka nach bester stalinistischer Tradition unter Druck zu setzen. Doch der Pole bleibt hart. Chruschtschow begreift, daß eine gewaltsame Intervention jetzt ein Blutbad auslösen würde. Er gibt Gomulka freie Hand und fliegt nach Moskau zurück. Die Polen können es kaum fassen: Zum erstenmal haben die Sowjets in einem entscheidenden Konflikt nachgegeben.

Von Polen springt der Funke nach Ungarn über. Es kommt zum bewaffneten Volksaufstand. Budapest brennt, Imre Nagy erklärt den Austritt aus dem Warschauer Pakt. Jetzt bleibt Chruschtschow keine andere Wahl: Die Sowjetarmee zerschlägt die Erhebung. Aber der Preis ist hoch: Die ungarische Tragödie diskreditiert den gesamten Prozeß der Entstalinisierung, das internationale Ansehen der UdSSR sinkt auf den Tiefpunkt.

Schon ein Jahr später aber kann Moskau einen gewaltigen Prestigezuwachs verbuchen: Am 4. Oktober 1957 empfangen die Radiostationen rund um den Globus ein schrilles Piepen aus dem Weltraum: Es sind die Signale von Sputnik I, dem ersten künstlichen Satelliten, der die Erde antriebs- und schwerelos umkreist. Die Sensation ist perfekt, der Propagandaerfolg ungeheuer: Zum erstenmal haben die Russen die Amerikaner auf dem Gebiet der militärstrategischen Technik überholt. Was Washington dabei mehr noch alarmiert als die kleine piepsende Kugel, ist die Trägerrakete, die den Sputnik auf die Umlaufbahn geschossen hat: Sie kann auch New York erreichen. Amerika ist keine Insel der Seligen mehr.

Die Sowjetunion ist nun Supermacht, auf gleichem Rang wie die Vereinigten Staaten. Chruschtschow sonnt sich im Glanz der Macht. Seit 1958 ist er auch Regierungschef und hält damit alle Zügel in der Hand. Sein impulsives Temperament bestimmt nun ungebremst die sowjetische Politik und macht sie zunehmend unberechenbar.

Im September 1959 bereist der Kremlchef die USA und konferiert in aufgeräumter Stimmung mit Präsident Eisenhower. Der „Geist von Camp David" scheint eine neue Epoche der Verständigung einzuleiten. Doch schon neun Monate später bricht dieser Ansatz zusammen: Am 1. Mai 1960, kurz vor einer geplanten Gipfelkonferenz in Paris, wird in der Nähe von Swerdlowsk ein amerikanisches Spionageflugzeug vom Typ U-2 abgeschossen und der Pilot unverletzt gefangengenommen. Er trägt alles bei sich, was ein Agent aus dem Gruselfilm braucht: Giftnadel, Pistole, Devisen und einen mehrsprachigen Hilfsappell für die Eingeborenen: „Ich bin ein Amerikaner und spreche Ihre Sprache nicht. Wenn Sie mir helfen, werden Sie belohnt."

Chruschtschow macht aus dem Zwischenfall die größte Propagandashow seiner Amtszeit. Er fliegt zur Gipfelkonferenz nach Paris und verlangt von Eisenhower eine öffentliche Entschuldigung. Als der Präsident sie verweigert, steht Chruschtschow vom Konferenztisch auf und läßt die drei westlichen Regierungschefs konsterniert zurück. In einer ungezügelten Pressekonferenz macht er seinem Herzen Luft: „Die Imperialisten handeln wie einst die russischen Kaufleute: Sie beschmierten den Dienern die Lippen mit Senf, und die Diener verneigten sich tief und sagten ‚Danke schön'. Aber wir haben unseren Stolz und unsere Würde. Wir vertreten einen mächtigen sozialistischen Staat."

Es ist der alte russische Minderwertigkeitskomplex, der sich in Chruschtschow gegen den westlichen Hochmut aufbäumt. Als der Sowjetführer im Herbst des gleichen Jahres zur UNO-Vollversammlung nach New York reist, kommt es zu einem cholerischen Ausbruch, wie ihn die Vereinten Nationen noch nicht erlebt haben: Während der antisowjetischen Rede eines philippinischen Delegierten zieht der Moskauer Regierungschef den Schuh aus, hämmert damit auf das Pult und brüllt in den Saal: „Warum darf dieser Fatzke, dieser Speichellecker und Lakai des amerikanischen Imperialismus, hier Fragen stellen, die nicht zur Sache gehören?"

Chruschtschow fühlt sich persönlich gedemütigt und verletzt. Er geht mehr und mehr auf Konfrontationskurs. Im August 1961 wird die Berliner Mauer errichtet, der Schlußstein zur Teilung Deutschlands. Chruschtschow glaubte, die deutsche Frage damit vorerst zu erledigen (und er behielt für mehr als ein Vierteljahrhundert recht damit).

Was Deutschland angeht, so war er immer konsequent gewesen: Die Westdeutschen hatten Stalins Wiedervereinigungsangebot 1952 abgelehnt, also mußten sie die Teilung schlucken. Dies war Chruschtschows Position schon beim ersten Treffen mit Konrad Adenauer 1955. Unmißverständlich machte er dem Bonner Kanzler klar, daß die Einheit nicht mehr zu haben war, jedenfalls nicht zu westlichen Bedingungen. Sein Ziel war es, aus der DDR einen stabilen Pfeiler des Imperiums zu machen, und wenn es nicht anders ging, dann eben durch eine Mauer.

Chruschtschow täuschte sich nicht in der Haltung der USA: Sie respektierten die Sphäre der anderen Supermacht und hielten still. Präsident Kennedy sah in der Mauer sogar ein positives Element. Es zeigte ihm, daß Chruschtschow seinen Anspruch auf West-Berlin endgültig aufgegeben hatte. „Warum sollte er eine Mauer bauen, wenn er West-Berlin nehmen wollte?" sagte der Präsident am 13. August bei der Lagebesprechung im Weißen Haus. „Die Mauer ist sein Ausweg aus der Klemme. Es ist keine sehr schöne Lösung, aber verdammt noch mal besser als ein Krieg."

Ein Jahr später stand John F. Kennedy wirklich vor dem Abgrund des Krieges. Der Anlaß war Kuba. Auf der Antillen-Insel hatte Fidel Castro 1959 nach erfolgreichem Partisanenkrieg gegen den Diktator Batista ein autoritär-sozialistisches Regime errichtet. Nachdem er den amerikanischen Invasionsversuch in der Schweinebucht aus eigener Kraft zerschlagen hatte, forderte Fidel Castro militärischen Schutz aus Moskau an. Chruschtschow verwandelte die Insel in einen sowjetischen Raketenstützpunkt, „neunzig Meilen vor der Küste Floridas". Es war die größte Ausdehnung des sowjetischen Machtbereichs und die größte Provokation der Vereinigten Staaten seit dem japanischen Angriff auf Pearl Harbor. Wenn die Amerikaner jetzt zurückwichen, hätten sie in ganz Lateinamerika, in ihrer eigenen Hemisphäre, verspielt. Kennedy stand mit dem Rücken an der Wand.

Am 22. Oktober 1962 verhängte der Präsident die militärische Blockade über Kuba und verlangte von Moskau ultimativ den unverzüglichen Abbau der Raketen. Vier Tage stand die Welt zwischen Krieg und Frieden. Auf beiden Seiten wurden die atomaren Waffen gefechtsklar gemacht. In den europäischen Regierungskanzleien brach Panik aus. Dann gab Chruschtschow nach.

Die Friedensbotschaft an den Präsidenten trug seine persönliche Handschrift: „Sie können versichert sein, daß wir den Verstand nicht verloren haben. Wir erfassen durchaus, daß Sie einen Angriff unserer Seite in derselben Art erwidern würden. Aber auch Sie werden dasselbe zurückbekommen, was Sie gegen uns schleudern... Wir sind normale Menschen, und wir schätzen die Lage richtig ein. Wie könnten wir also die Aktionen zulassen, die sie uns unterstellen. Nur Wahnsinnige und Selbstmörder wären dazu imstande... Lassen Sie uns also Maßnahmen ergreifen, um den Knoten zu lösen."

Chruschtschow erklärte sich zum Abbau der Raketen bereit, falls die USA sich verpflichteten, das Castro-Regime zu respektieren und künftig auf jede Intervention zu verzichten. Kennedy willigte ein. Der Preis war gering im Vergleich zum Gewinn: Er hatte die Sowjetunion zum Rückzug gezwungen, ohne einen Schuß abgeben zu müssen. Chruschtschow hatte zwar das Gesicht gewahrt, aber mit dem Kuba-Abenteuer überschritt er den Zenit seiner Macht. Er hatte, wie Talleyrand einst sagte, etwas Schlimmeres als ein Verbrechen begangen – einen Fehler, nämlich die grobe Überschätzung der eigenen Macht.

Dennoch wurde die Kuba-Krise zum positiven Wendepunkt in den Beziehungen der Supermächte. Beide Seiten waren an die Grenze gestoßen, hinter der es kein Zurück mehr gab, beide hatten den Blick in den Abgrund getan. Ein „heißer Draht", das direkte Telefon zwischen Weißem Haus und Kreml, wurde installiert, um künftige Krisen besser entschärfen zu können, und 1963 wurde mit dem Verbot der oberirdischen Atomwaffenversuche der erste Schritt auf dem langen Weg zur Entspannung getan. Beide Seiten hatten in Kuba gelernt, daß es dazu keine Alternative gab.

In Moskau jedoch ist Chruschtschows Position seit dem Kuba-Abenteuer angeschlagen. Die Fronde gegen ihn wächst zusehends. Denn in der Innenpolitik steuert er den gleichen Zickzack-Kurs wie in der Außenpolitik – ein Spiegelbild seiner impulsiven Natur. Großangekündigte Projekte versacken nach kurzem Anlauf, die Wirtschaftspolitik schwankt zwischen Liberalisierung und Zentralisierung, zwischen Förderung der Konsumwirtschaft und der Schwerindustrie. Die Neulandkampagne, die Rußland autark machen sollte, bleibt ein Phantom: 1963 muß die Sowjetunion 12 Millionen Tonnen Getreide im Ausland kaufen.

Auf und ab geht es auch in der Kulturpolitik: Boris Pasternak darf seinen „Doktor Schiwago" nicht veröffentlichen und muß 1958 den Nobelpreis unter entehrenden Bedingungen ablehnen. 1960 stirbt der große Dichter, vom offiziellen Moskau geächtet, in Peredelkino. Zwei Jahre später aber kann Alexander Solschenizyn seinen Häftlingsroman „Ein Tag im Leben des Iwan Denissowitsch" in der Moskauer Literaturzeitschrift „Nowy Mir" drucken lassen – die schärfste literarische Anklage gegen den „Archipel Gulag", die bis dahin in der Sowjetunion erschienen ist. Chruschtschow selbst hat sich für den Abdruck eingesetzt. „Ein gutes Buch, nicht wahr, Genossen?" sagt er im Parteipräsidium. Doch bald darauf zieht sich der Ring um den Autor wieder zusammen.

Der Zickzack-Kurs ist freilich nicht allein dem schwankenden Charakter Chruschtschows zuzuschreiben. Er ist auch Ausfluß der widerstreitenden Kräfte im Moskauer Machtzentrum. Chruschtschow vereinigte zwar die beiden wichtigsten Ämter in seiner Person, aber er war nie unumschränkter Alleinherrscher im Kreml. Es gab, trotz aller Säuberungen von „parteifeindlichen Gruppen", immer starke Fraktionen in Präsidium und Zentralkomitee, die seinen cäsarischen Stil als subjektiv beschämend und objektiv schädlich betrachteten. Sie warteten nur, bis das Maß voll war.

Chruschtschow verlor den Boden unter den Füßen, als er glaubte, sich alles leisten zu können. Er ließ sich vom Glanz der Macht verführen, er liebte die dramatischen Auftritte und genoß das Gefühl, den größten Staat der Welt zu leiten. „Der kleine Pinja, das bin ich", pflegte er in Anspielung auf den Helden einer russischen Novelle zu sagen – und er meinte es durchaus ernst: Er war der kleine Bauernjunge, der der Weltmacht Amerika Paroli bieten konnte.

Sein Sturz kam plötzlich und für ihn selbst völlig unerwartet. Es war eine klassische Verschwörung. Das Parteipräsidium benutzte den Urlaub des Chefs am Schwarzen Meer, um sich seiner zu entledigen. Chruschtschow befand sich am Vormittag des 13. Oktober 1964 mitten in einer Unterredung mit dem französischen Wissenschaftsminister Gaston Palewski, als ihm mitgeteilt wurde, daß er unverzüglich nach Moskau zurückkehren müsse. Die Maschine stehe schon bereit.

Das Präsidium erwartete den Ersten Sekretär im Kreml. Die Genossen erklärten ihm, daß er seines Amtes enthoben sei. Sie boten ihm einen ehrenvollen Abschied an, wenn er freiwillig zurücktrete. Wenn nicht, werde er sich dem ZK zur Abstimmung stellen müssen, was für ihn nur peinlich enden könne. Chruschtschow wählte den zweiten Weg.

Das ZK trat am folgenden Tag zu geheimer Sitzung zusammen. Der Chefideologe Michail Suslow verlas die Anklage. Sie dauerte fünf Stunden und umfaßte 29 Punkte. Sie reichten von „Abenteurertum“ über die „Verletzung der kollektiven Führung“ bis zur Begünstigung seiner Familie und den Eskapaden seines Schwiegersohnes Adschubej.

Unter Stalin hätte das Verdikt zur physischen Liquidierung ausgereicht. Doch zum erstenmal ging ein Führungswechsel in Moskau in zivilisierten Formen über die Bühne: Das ZK erklärte, der Erste Sekretär und Vorsitzende des Ministerrats habe wegen seines schlechten Gesundheitszustandes und fortgeschrittenen Alters um seine Entlassung gebeten.

Dies war allerdings das letzte Mal, daß der Name Chruschtschow in der „Prawda“ erwähnt wurde, solange er lebte. Der Mann, der eben noch an der Spitze der Weltmacht stand, verschwand in der Versenkung. Er durfte seine Datscha und seine Pension behalten, aber er war zur Unperson degradiert.

An der Seite seiner Frau Nina Petrowna, die in ihrer einfachen Würde die Achtung der Welt gewonnen hatte, verbrachte er die letzten Jahre als grollender Zuschauer.

Doch man vergaß ihn nicht. Als er 1971 im Alter von 77 Jahren starb, wurde er auf dem Prominentenfriedhof des Jungfrauenklosters am Ufer der Moskwa beigesetzt.

Was ist von Chruschtschow geblieben? Wenig und viel. Solschenizyn urteilt hart: „Chruschtschow besaß nach Stalin die größte Macht in unserer Geschichte, und er ging damit um wie jener Bär in Krylows Fabel, der einen Holzklotz ziel- und nutzlos auf der Wiese umherrollt. Er hätte die Befreiung des Landes viel tiefer treiben können, doch er ließ plötzlich davon ab und wandte sich anderen Spielereien zu: Kosmos, Maisanbau, Kuba-Raketen, Berlin-Ultimaten, Kirchenverfolgung, Teilung der Parteiorganisation, Kampf gegen den Abstraktionismus. Er hat nie etwas zu Ende geführt, am wenigsten die Sache der Freiheit.“

Zweifellos hat Solschenizyn damit recht. Chruschtschow war kein Vollender, sondern ein Beginner. Doch diese Leistung hat ihm seinen Platz in der Geschichte gesichert. Er brach den Eispanzer auf, unter dem Rußland zu ersticken drohte. Er suchte den Weg aus der Sackgasse einer erstarrten Ideologie, und wenn er ihn auch nicht fand, so wagte er doch die ersten Schritte. Mit seinem Sturz kam die Bewegung, die er ausgelöst hatte, wieder zum Stillstand. Erst zwanzig Jahre später knüpfte ein anderer dort an, wo Chruschtschow gescheitert war.

Der Kampf um die Nachfolge Stalins

Von einer Tribüne aus sehen der gefürchtete sowjetische Geheimdienstchef Lawrentij Berija und der stellvertretende Ministerpräsident Georgij Malenkow einer Truppenparade auf dem Moskauer Roten Platz zu. Beide Männer gelten nach Stalins Tod im März 1953 als aussichtsreiche Kandidaten für seine Nachfolge. Doch in Wirklichkeit neigen sich ihre Karrieren bereits dem Ende zu. Eine „kollektive Führung" des Kremls läßt den Geheimdienstchef Ende Juni 1953 festnehmen. Er wird beschuldigt, die Alleinherrschaft angestrebt zu haben. Nach einem geheimen Gerichtsverfahren wird Berija Ende des Jahres zusammen mit sechs engen Mitarbeitern erschossen. Vorübergehend vermag Georgij Malenkow als Erster Parteisekretär und zugleich Ministerpräsident die meiste Macht auf sich zu vereinigen. Aber schon im September 1953 wird er von Nikita Chruschtschow in der Führung der Partei abgelöst. Im Februar 1955 verliert Malenkow das ihm verbliebene Amt des Ministerpräsidenten an Nikolaj Bulganin. Zwei Jahre später wird Malenkow zum „Parteifeind" erklärt.

Der Aufstand vom 17. Juni 1953

Mit einem Streik der Bauarbeiter in der damaligen Ost-Berliner Stalinallee beginnen am 17. Juni 1953 im Sowjetsektor der alten Reichshauptstadt Massendemonstrationen gegen zu hohe Arbeitsnormen und für demokratische Reformen. Aus den Demonstrationen entwickelt sich ein Aufstand gegen die kommunistische Regierung unter Walter Ulbricht. Innerhalb kurzer Zeit greifen die Unruhen auch auf andere Städte der DDR über. Als die Volkspolizei der Lage nicht Herr wird, ruft Ulbricht die sowjetische Besatzungsmacht zu Hilfe. Die Sowjets verhängen über ganz Ost-Berlin und mehrere andere Orte den Ausnahmezustand. Unter den Linden und an anderen Stellen des Ost-Berliner Zentrums rücken Panzer gegen Aufständische vor, die sich mit Steinwürfen zu wehren versuchen. Schließlich besetzt eine sowjetische Division das gesamte Regierungsviertel und schützt so die Regierung Ulbricht vor ihrem Volk. Unter dem Druck der Sowjetarmee bricht der Volksaufstand vom 17. Juni zusammen.

Moskau läßt die letzten Kriegsgefangenen frei

Im Herbst 1955 treffen auf dem bundesdeutschen Grenzbahnhof Herleshausen (oben) Züge mit jubelnden Spätheimkehrern aus der Sowjetunion ein. Die Freilassung der insgesamt 9626 zu langjähriger Zwangsarbeit verurteilten Kriegsgefangenen ist das Ergebnis erfolgreicher Verhandlungen des westdeutschen Bundeskanzlers Konrad Adenauer in Moskau. Gleichzeitig wird die Aufnahme diplomatischer Beziehungen zwischen der Sowjetunion und der Bundesrepublik vereinbart. Den erfolgreichen Verlauf der Konferenz signalisieren Adenauer und seine sowjetischen Verhandlungspartner Ministerpräsident Nikolaj Bulganin und Parteichef Nikita Chruschtschow den Pressefotografen durch freundschaftliches Händchenhalten.

Nasser gibt den Armen ihr Land zurück

Von Menschenmassen umjubelt, fährt der neue ägyptische Ministerpräsident Gamal Abd el Nasser im Juli 1954 durch die Provinz Feuadieh. Der Oberst, der 1952 am Sturz König Faruks mitwirkte, gibt Kleinbauern Land zurück, das unter der früheren Regierung Großgrundbesitzern zugesprochen worden war. 1956 verstaatlicht Nasser den Suezkanal und wehrt eine französisch-israelisch-britische Militäraktion dagegen mit Erfolg ab. Als hochangesehener Propagandist eines arabischen Sozialismus gelingt ihm zwei Jahre später der Zusammenschluß Ägyptens und Syriens zu einer Vereinigten Arabischen Republik, die jedoch 1961 wieder auseinanderbricht. Außenpolitisch vertritt Nasser neben Tito und Nehru die Interessen der blockfreien Staaten, bevorzugt aber für Ägypten eine engere wirtschaftliche Bindung zur Sowjetunion, die ihm unter anderem Waffen zum Kampf gegen Israel liefert.

Die Niederlage von Dien Bien Phu

Einen aussichtslosen Kampf tragen diese französischen Fallschirmjäger 1953 bei der Schlacht um Dien Bien Phu aus. Der Ort ist eine der letzten großen Festungen der französischen Kolonialmacht im Norden von Vietnam. Seit dem Ende des Weltkriegs versucht Frankreich durch Truppeneinsatz wieder die Herrschaft über seine früheren Kolonien in Indochina zurückzugewinnen. Doch im kommunistisch regierten Nordvietnam scheitern alle Versuche am wütenden Widerstand der von der Sowjetunion unterstützten Soldaten Ho Tschi-minhs. Dien Bien Phu wird von ihnen eingeschlossen und kann nur noch unzureichend aus der Luft mit Waffen und anderem Nachschub versorgt werden. Am 7. Mai 1953 ist die Schlacht entschieden: Der französische General de Castries ergibt sich mit 11 000 Mann den Kommunisten. Die schwere Niederlage läutet das Ende Frankreichs als Kolonialmacht ein. Paris gibt den Indochinakrieg 1954 verloren. Vietnam wird entlang des 17. Breitengrades in einen kommunistisch beherrschten Norden und das — zunächst noch — unter westlichem Einfluß stehende Südvietnam geteilt.

Chruschtschow rechnet mit Stalin ab

Schweigend, geradezu erstarrt, hören sich die knapp 1500 Delegierten des XX. Parteitages der KPdSU 1956 die historische Rede Nikita Chruschtschows an. Der Parteichef rechnet über drei Stunden lang mit der menschenverachtenden Politik Josef Stalins ab. Er wirft dem Georgier, der in den sowjetischen Geschichtsbüchern noch als „Führer der Völker" gefeiert wird, Personenkult, Intoleranz, Brutalität und Machtmißbrauch vor. Wörtlich heißt es in der Chruschtschow-Rede über Stalin: „Anstatt die Richtigkeit seines Standpunktes zu beweisen und die Massen zu mobilisieren, wählte er oft den Weg der Unterdrückung, der physischen Beseitigung, und zwar nicht nur gegen tatsächliche Gegner, sondern auch gegen Menschen, die kein Verbrechen gegen die Partei oder die sowjetische Regierung begangen hatten." Stalin sei nicht nur ein inkompetenter Führer gewesen, sondern auch ein Scharfrichter, ein Sadist, ein Mensch ohne jede Moral. Mit dieser Rede gibt Chruschtschow das Signal zur Entstalinisierung und zu Reformen.

Die Russen verlassen Österreich

Nachdem sich Österreich in einem Staatsvertrag mit der Sowjetunion am 15. Mai 1955 zu dauernder Neutralität verpflichtet hat, ziehen sich die sowjetischen Besatzungstruppen im Laufe des Jahres aus dem Alpenland zurück. In Baden bei Wien wird im September das Hauptquartier der Sowjetarmee aufgelöst. Beim Abschied feiern die Russen die Rückbeorderung in die Heimat mit einem Tänzchen vor dem Badener Bahnhof. Ein Jahr später wird vom Wiener Schwarzenbergplatz, zeitweise auch Stalinplatz genannt, als ein letztes Überbleibsel aus der Besatzungszeit ein gepanzertes russisches Sturmgeschütz abtransportiert, das nach dem Kriege vor einem „Denkmal der Sowjetunion“ aufgestellt worden war. Das fahrbare Sturmgeschütz vom Typ SU 100 erhält einen neuen Platz im Heeresgeschichtlichen Museum der österreichischen Hauptstadt.

Panzer gegen Arbeiter in Posen

Die Entstalinisierung in der Sowjetunion macht Arbeitern im polnischen Posen im Juni 1956 Mut zum Aufstand gegen die Stalinisten im eigenen Lande. Große Teile der Bevölkerung schließen sich einem Protestmarsch streikender Bergarbeiter an, die eine Senkung der Arbeitsnormen und Lebenshaltungskosten fordern. Ähnlich wie drei Jahre zuvor in der DDR entwickelt sich die Demonstration zum offenen Aufruhr gegen die kommunistische Regierung. Mehrere Tage sind große Teile Posens in den Händen der Aufständischen. Erst als in der Nacht zum 30. Juni die Armee gegen die Arbeiter vorgeht und Panzer die Barrikaden niederwalzen, bricht der Aufstand zusammen – wie am 17. Juni 1953 in der DDR. Ganz ohne Auswirkungen blieb der Aufstand jedoch nicht. Der populäre Arbeiterführer Gomulka, der wegen seines Eintretens für einen „polnischen Weg zum Sozialismus" in Ungnade gefallen war und von 1951–1956 unter Hausarrest stand, wird im Juli 1956 öffentlich rehabilitiert und im Oktober wieder in sein altes Amt als Erster Sekretär des ZK eingesetzt. Gomulka leitet politische Reformen ein, vor allem befreit er die Bauern von der Zwangskollektivierung und normalisiert die Beziehungen zwischen Kirche und Staat.

Auch in Ungarn erhebt sich das Volk

Budapest, Oktober 1956. Ein Geheimpolizist wurde gelyncht und liegt im Straßenschmutz. In ganz Ungarn tobt ein blutiger Aufstand gegen die Kommunisten, die sich nur mit sowjetischer Hilfe an der Macht halten können. Der Freiheitskampf wird durch eine Rede des Ministerpräsidenten Imre Nagy angefacht, eines Reformkommunisten. Vom Balkon des Budapester Parlamentsgebäudes aus verkündet Imre Nagy die Rückkehr Ungarns zur parlamentarischen Demokratie und erklärt den Austritt des Landes aus dem Warschauer Pakt. Doch wie in der DDR wird auch in Ungarn der Volksaufstand von sowjetischen Truppen niedergeschlagen.

Vergebens ruft Ir
Nagy in einer letz
Radiosendung d
freien Westen au
Ungarn zu helfer
Nagy flüchtet vor
Invasoren in die
slawische Botsch

·r sie am 22. No-
ber unter Zusi-
ung freien Geleits
ßt, wird er den-
verhaftet, in ei-
Geheimprozeß
Tode verurteilt
am Galgen hin-
htet.

Sputnik I umkreist die Erde

Am 4. Oktober 1957 überholen die Sowjets in der Weltraumforschung die Weltmacht USA. Sie schießen ihren Sputnik I ins All, den ersten künstlichen Erdsatelliten in der Geschichte der Menschheit. Die Weltraumkapsel ist 83,6 Kilogramm schwer und hat einen Durchmesser von 58 Zentimetern. In Moskau lassen sich Straßenpassanten auf dem Astronomischen Platz vor dem Planetarium an einem Riesenglobus von Sternwartenleiter R. Zwetow die Umlaufbahn des Sputnik I erklären. Dem ersten Satelliten läßt das sowjetische Raumfahrtzentrum bald einen Sputnik II mit der Hündin „Laika“ an Bord folgen. Das Tier überlebt im All eine Woche, ehe Sputnik II abstürzt und verglüht.

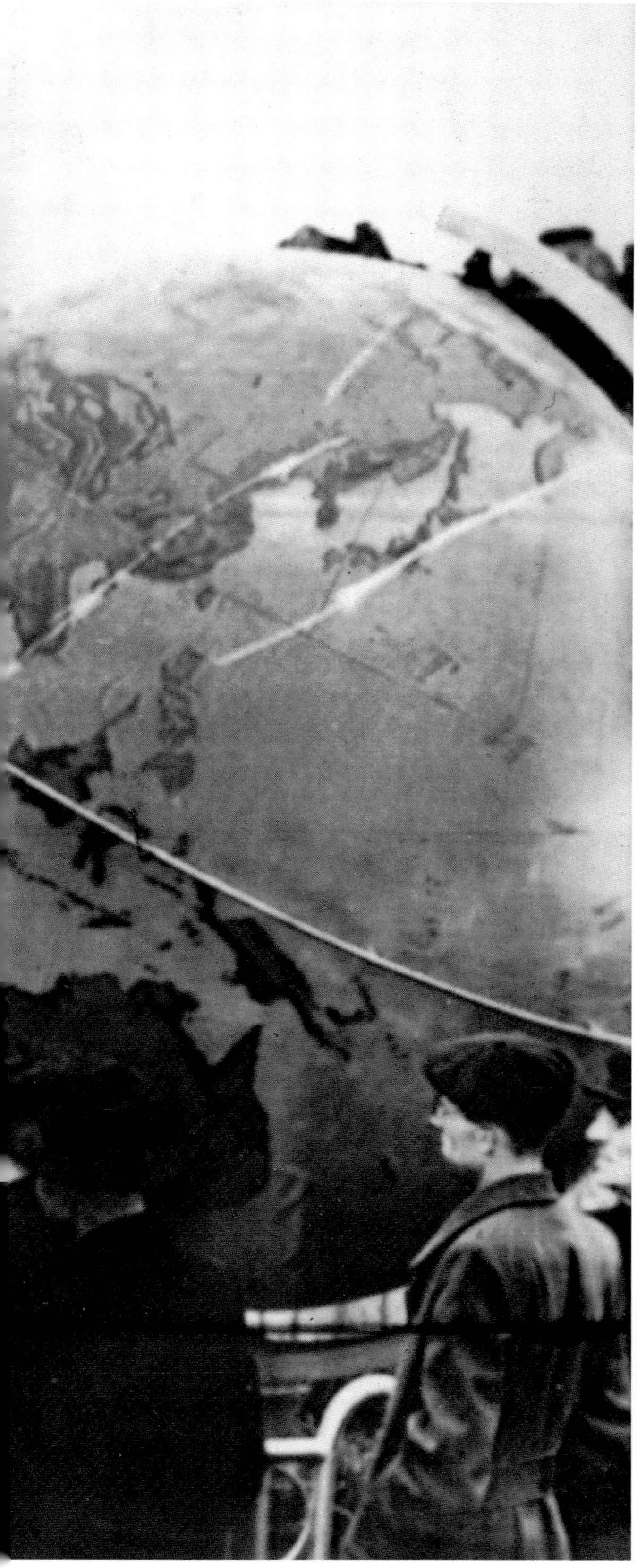

Aufstand auf dem Dach der Welt

Mit einem Aufstand versuchen die Tibeter 1959 die seit acht Jahren bestehende Oberhoheit der chinesischen Kommunisten über ihr Land abzuschütteln. Aber die Übermacht der fremden Truppen ist zu groß. Nach blutigen Kämpfen bleibt den Aufständischen nur noch die bedingungslose Kapitulation. In langer Prozession ziehen sie in ihrer Hauptstadt Lhasa dem Feind entgegen, der freien Zugang zum Potala verlangt, dem vielstöckigen Palast des tibetischen Gottkönigs Dalai Lama. Während das geistliche und politische Oberhaupt der Tibeter nach Indien flieht, erklärt Peking Tibet zur chinesischen Provinz.

Fidel Castro erobert Kuba

Mit einem Maschinengewehr im Anschlag und noch ohne Havanna im Mundwinkel feiert der Partisanenführer Fidel Castro 1959 mit Kampfgefährten den Sieg der kommunistischen Revolution auf Kuba. Nach dreijährigem Guerillakrieg weiß Castro die ärmliche Bevölkerung der Zuckerrohrinsel hinter sich. Der rechtsgerichtete Diktator Batista ist verjagt. Fidel Castro wird in Havanna Ministerpräsident. Mit militärischer und wirtschaftlicher Unterstützung der Sowjetunion nimmt der neue Machthaber radikale Reformen in Angriff. Das Land der Großgrundbesitzer und auch die riesigen Zuckerrohrplantagen amerikanischer Unternehmen werden enteignet und unter Landarbeitern aufgeteilt. Bald gibt es auf Kuba keine privaten Firmen mehr. Die gesamte Wirtschaft ist verstaatlicht.

Sieben Monate für Lumumba

Voller Begeisterung lauscht ein auf dem Boden liegender Kongolese salutierend einer Rede Patrice Lumumbas, des Führers der Unabhängigkeitsbewegung, gegen die belgischen Kolonialherren. Der belgische König Baudouin sieht sich im Frühjahr 1960 gezwungen, die an Bodenschätzen reiche Kolonie in die Unabhängigkeit zu entlassen. Als er am Vorabend der Unabhängigkeitsfeiern durch die Hauptstadt Leopoldville fährt, entreißt ihm ein Kongolese voller Hohn seinen Degen (Foto rechts). Erster frei gewählter Ministerpräsident wird Patrice Lumumba, der sich für einen völligen Rückzug aller Kolonialmächte aus Afrika einsetzt. Die Sowjetunion erhofft sich von dem populären Politiker einen verstärkten Einfluß auf den im Umbruch befindlichen Kontinent. Doch sieben Monate nach seinem Regierungsantritt wird Lumumba nach einem Staatsstreich des Obersten Mobutu von Putschisten festgenommen, verschleppt und an einem unbekannten Ort ermordet.

Berlin wird durch eine Mauer getrennt

Berlin, 13. August 1961. Um den Flüchtlingsstrom in den Westen zu stoppen, hat sich die DDR-Regierung zum Bau einer Sperrmauer zwischen dem Ostteil und dem Westen der ehemaligen Reichshauptstadt entschlossen. Volkspolizisten mit geschultertem Gewehr müssen aufpassen, daß die zum Mauerbau abkommandierten Soldaten der Nationalen Volksarmee die Gelegenheit nicht selbst zur Flucht nutzen. Viele Berliner Familien werden durch die Mauer von ihren Angehörigen im anderen Teil der Stadt getrennt. Es kommt zu ergreifenden Szenen, wenn sie sich über das Sperrwerk hinweg zu verständigen versuchen oder Großeltern die Babys zeigen. Gleichzeitig mit dem Bau der Berliner Mauer beginnt die DDR auch mit dem Ausbau der innerdeutschen Grenze zu einer kaum überwindbaren Befestigungsanlage mit Stacheldrahtverhauen, Sichtblenden, Minenfeldern, Hundelaufanlagen und Selbstschußautomaten.

Chinesen rücken im Himalaja vor

Die neue Großmacht China, die im Kriegsfall bis zu 80 Millionen Soldaten in den Kampf werfen kann, übt nach der endgültigen Eroberung Tibets am Südrand des Himalaja-Gebirges in den sechziger Jahren militärischen Druck auf Indien aus. 1962 besetzen chinesische Truppen Teile des indischen Bundesstaates Assam und des ebenfalls zu Indien gehörenden Hochgebirgsdistrikts Ladakh. Erst durch freiwilligen Rückzug der Chinesen werden schwere kriegerische Verwicklungen vermieden. Im September 1965 kommt es zwischen China und Indien zum Streit um die Südgrenze des unter indischem Protektorat stehenden Himalaja-Fürstentums Sikkim, der sogenannten McMahon-Linie. China beansprucht für sich das Recht, Sikkim völkerrechtlich zu vertreten, und fordert Indien ultimativ zur militärischen Räumung des strittigen Grenzgebietes auf. Chinesische Truppen fallen in Sikkim ein, ziehen sich aber bald wieder zurück. In den siebziger Jahren schließt sich Sikkim noch fester an Indien an, erst als „assoziierter Staat“ und schließlich als Bundesstaat.

LAUNCH PAD WITH ERECTOR
OXIDIZER VEHICLES

Der dritte Weltkrieg droht

Luftaufnahmen amerikanischer Fernaufklärer liefern im Herbst 1962 den Beweis dafür, daß auf Kuba sowjetische Raketen stationiert werden. Das Militärfoto links zeigt unter anderem zwei Abschußrampen (Launch Pads) mit Speziallafetten zum Aufrichten der abschußfertigen T-2-Raketen.
Auch Treibstofftransporter und andere Spezialfahrzeuge für den Raketenbetrieb sind zu sehen. Die USA fühlen sich durch die Raketenabschußrampen vor ihrer Küste unmittelbar bedroht. Präsident John F. Kennedy entsendet Luft- und Seestreitkräfte zur militärischen Abriegelung Kubas. Es droht eine Konfrontation zwischen amerikanischen und sowjetischen Kriegsschiffen und damit der Ausbruch eines dritten Weltkriegs mit dem möglichen Einsatz von Atomwaffen. Beide Weltmächte richten sich auf militärische Auseinandersetzungen ein.

АСНОГРАД
ЛЕНИНГРАД

Die Sowjets beordern ihre Schiffe zurück

Kriegsmaterial für Kuba hat der sowjetische Frachter „Krasnograd“ an Bord, der in der Karibik von einem amerikanischen Aufklärungsflugzeug überflogen wird. Wie Foto-Auswertungen ergeben, befinden sich auf dem Schiff 15 IL-28-Bomber – eine weitere Bedrohung für die Vereinigten Staaten. Auf ein Ultimatum des US-Präsidenten Kennedy lenkt der sowjetische Partei- und Regierungschef Chruschtschow ein. Die sowjetischen Schiffe mit Kriegsmaterial bekommen Order, zu ihren Heimathäfen zurückzukehren. Und auf Kuba wird mit dem Abbau der Raketenbasen begonnen. Wenig später werden auch die T-2-Raketen zurück in die Sowjetunion transportiert. In den Verteidigungsministerien von Washington und Moskau gibt man Entwarnung.

Ein voller Laden sättigt nicht alle

Als Aushängeschild für einen von Nikita Chruschtschow propagierten „Wohlstandskommunismus" kann dieses Foto eines Moskauer Delikatessengeschäftes aus dem Jahre 1964 dienen. Die Regale sind gefüllt, und der Laden ist mit Rücksicht auf Schichtarbeiter auch noch um Mitternacht geöffnet. In Wirklichkeit hat sich jedoch trotz Chruschtschows Bemühungen um eine effektivere Landwirtschaft die Versorgungslage in der Sowjetunion vielerorts dramatisch verschlechtert. Allein 1963 muß die Sowjetunion wegen unzureichender Ernteerträge zwölf Millionen Tonnen Getreide zukaufen – größtenteils gegen harte Devisen aus dem westlichen Ausland. Auch mit Industriewaren sind die Sowjetbürger unzureichend versorgt, z... der Kreml der Sch... industrie und de... Bau von Waffen ... den Vorrang gibt.

Unter Breschnew erstarrt das Sowjetreich in Restauration

Von Fritz Pleitgen

Der Sturz von Nikita Chruschtschow schlug ein wie eine Bombe. Die Sowjetmenschen waren konsterniert, die westlichen Diplomaten in Moskau perplex. Damals genügten vier entschlossene Verschwörer an der Parteispitze, um mit Hilfe des KGB und des Militärs einen Machtwechsel herbeizuführen. Selbst die feinfühligsten Kremlbeobachter hatten nicht die geringsten Anzeichen gewittert.

Wie sollten sie auch? Die sowjetische Führung war eine hermetisch abgeriegelte Kaste. Unkontrolliert vom Volk herrschte sie über das Land. Nichts von ihren Auseinandersetzungen drang nach außen. „There ain't no news in Russia!" Dieser Einzeiler aus einem amerikanischen Film über Stalins Sowjetunion wurde immer noch im Moskauer Korrespondentenkorps kolportiert.

Und jetzt diese Sensation! Hektisch trugen Diplomaten und Journalisten Indizien zusammen, um das jähe politische Ende des sprunghaften Poltergeistes Nikita Sergejewitsch Chruschtschow als zwangsläufig darzustellen. Sie hätten die Entwicklung gerne früher erkannt.

Aber nun stellte sich die Frage, wer war der neue Mann? Die Regierungen und Zeitungen zu Hause wollten wissen, mit wem man es in Zukunft zu tun habe. Was wußte man über Leonid Iljitsch Breschnew? Wie war er einzuschätzen? Allgemeine Ratlosigkeit herrschte in den Botschaften wie in den Korrespondentenbüros. Dabei hatte der Mann schon seit vier Jahren als nominelles Staatsoberhaupt amtiert. Aber so richtig ernst genommen hatte ihn niemand. Wie seine Präsidiums-Kollegen hatte er völlig im Schatten des allmächtigen Chruschtschow gestanden.

Trotz aller Fleißarbeit der Diplomaten und Journalisten war der Ertrag an Erkenntnissen nur mäßig. Dafür war wenigstens der Tenor übereinstimmend. Der Neue sei kein Philosoph, kein politisches Kraftwerk, eher ein Übergangskandidat. Möglicherweise hatte man dabei das Urteil eines österreichischen Diplomaten im Ohr, der Leonid Breschnew nach einer persönlichen Begegnung als „Dampfredner" bezeichnet hatte.

In der Tat, wer mit Breschnew zusammenkam, konnte sich schon fragen, wie dieser jovial wirkende, aber nicht besonders geistreiche Mann an die Spitze der östlichen Supermacht gelangen konnte. Der französische Staatspräsident Charles de Gaulle hatte es wohl nicht glauben wollen. Als er 1966 zum Staatsbesuch in Moskau weilte, bevorzugte er als Gesprächspartner ostentativ Alexej Kossygin, der als Ministerpräsident Platz 2 hinter dem Parteichef Breschnew einnahm.

Die offensichtliche Geringschätzung des großen Galliers mochte Breschnew gewurmt haben, aber de Gaulle war nicht der Umgang, der sein Herz erwärmte. Ein Mensch nach seiner Fasson war der amerikanische Präsident Richard Nixon: mächtig, trickreich und skrupellos. Nicht nur aus politischem Kalkül, sondern auch aus politischer Verbundenheit hielt Breschnew bis zum Schluß zu ihm, als die Watergate-Affäre Nixon peu à peu in den politischen Orkus beförderte.

Er selbst, der angebliche Übergangskandidat, hielt viel länger aus. Fünf amerikanische Präsidenten hatten sich mit ihm auseinanderzusetzen. Achtzehn Jahre lang führte Leonid Breschnew die Sowjetunion; in der zweiten Hälfte nicht bei vollem Bewußtsein. Krankheiten hatten den einst vitalen Mann körperlich wie geistig immer mehr eingeschränkt. Als er starb, war er fast schon vergessen. Dabei hatte die Sowjetunion unter Breschnew ihren Zenit erreicht. Mit ihrer Militärmaschinerie und ihrem allgegenwärtigen Geheimdienst KGB war sie unbezwingbar erschienen, von außen wie von innen. Dennoch war das Imperium auf den Weg des Zufalls geraten, und zwar unumkehrbar. So oder so, der Durchschnittsmann hatte Geschichte gemacht. Seine Ära war eine Zeit voller Spannungen und auch Hoffnungen, für die Sowjetunion am Ende aber voller dumpfer Resignation.

Und was hatte am Anfang gestanden? Die Putschisten gegen Chruschtschow – zu ihnen gehörte noch der Chefideologe Michail Suslow – waren keine Neuerer, sondern Apparatschiks stalinscher Prägung. Zivilisierter als der große Massenmörder wollten sie doch ein Reich nach seinem Muster; politisch und militärisch mächtig, mit parierenden Bürgern. Je älter sie wurden, desto halsstarriger blieben sie dabei.

Nach Chruschtschows unkontrollierten Ausbrüchen aus dem stalinistischen System, was ihm als Voluntarismus vorgeworfen wurde, waren seinen Nachfolgern Veränderungen suspekt. „Nur keine Unruhe!“ war ihre Devise. Die einzige Ausnahme leistete sich Ministerpräsident Alexej Kossygin gleich zu Beginn. Mit bescheidenen Dezentralisierungsreformen wollte er das System elastischer und effektiver machen. Er hätte sich die Mühe sparen können. Die Sache verlief sang- und klanglos im Sande. Der Apparat hatte die Initiativen locker abgestoßen. Die Männer an der Spitze verstanden das offensichtlich als Wink ihrer propagierten Lehrmeister Marx und Lenin. Seitdem mieden sie konsequent jede Neuerung. Dafür wurde alle Kreativität in die Aufstellung der Statistiken gesteckt.

Unermüdlich wurden auf dem Papier Rekordleistungen produziert. Die Sowjetunion stellte danach von Jahr zu Jahr mehr industrielle Weltmeister. In der Herstellung von Glas beispielsweise war sie auf dem Erdball unerreicht, merkwürdigerweise ebenso in der Zahl der zerbrochenen Fensterscheiben, die nie ausgewechselt wurden. Fleisch mußte es laut Statistik mehr als genug geben. Daß es nicht in den Geschäften zu sehen war, gehörte zu den gewöhnlichen Geheimnissen der Sowjetwirtschaft.

Die Sowjetmenschen litten keinen Hunger, aber der ewige Mangel an simplen Konsumgütern vergällte ihnen das Leben. Die entwürdigenden Schlangen vor den Geschäften wurden zum Markenzeichen des Systems. Je mehr Jahre ins Land gingen, desto weniger zog die Entschuldigung, daß Bürgerkrieg, Stalin-Terror und Zweiter Weltkrieg wettzumachen seien. Die prahlerischen Partei-Parolen wirkten nicht selten wie Karikaturen zum produzierten Murks. So wurde auf der Krim im Schnellverfahren ein vielgeschossiges Hotel hochgezogen. Dann tat sich jahrelang nichts, bis eines Tages ein gedankenloser oder hintersinniger Parteimann auf der Bauruine in meterhohen Buchstaben und weithin sichtbar den Slogan montieren ließ: „Slawa KPSS“, zu deutsch „Ruhm der KPdSU“.

Wie immer, wenn Anspruch und Wirklichkeit weit auseinanderklaffen, hat der politische Witz Konjunktur. Vor dem Warenhaus GUM, so eine populäre Jux-Geschichte jener Zeit, bildete sich wieder einmal eine endlose Schlange. Schließlich platzte einem der Wartenden der Kragen. „Jetzt gehe ich zum Kreml rüber und haue dem Breschnew einen in die Fresse!“ verkündete er. Kurze Zeit später tauchte er wieder auf und teilte kleinlaut mit: „Drüben ist die Schlange noch länger!“

Im sozialistischen Wettbewerb mit dem ineffektiven System entwickelte die verherrlichte Arbeiterklasse flächendeckend von Brest bis Wladiwostok ein Gegenkonzept. Auf das Minimum an Entgelt und Warenangebot reagierten sie ebenso konsequent mit einem Minimum an Arbeitseinsatz.

Der Obrigkeit blieb diese Haltung selbstverständlich nicht verborgen, zumal sie sich über die Jahrzehnte zu einer unerschütterlichen Einrichtung verfestigt hatte. Um dennoch die Produktivität zu steigern, wurde der „wstretschnij plan“ ausgetüftelt, der Gegenplan. Auf den Plan von oben sollten die Werktätigen mit ihrem Plan antworten, um verborgene Reserven herauszuholen.

Trotz pausenloser Propaganda kam nichts dabei heraus, bis auf saftige Scherze wie diesen: Eine Frau möchte sich von ihrem Mann die Wirkung des Gegenplans erklären lassen. „Ganz einfach!“ sagt er. „Ich teile dir jetzt mit, daß ich dich zweimal verführen werde. Du aber verlangst nicht zweimal, sondern dreimal. Dabei wissen wir beide, es gelingt nicht einmal. Das ist der Gegenplan!“

Nun war der Unternehmergeist der Sowjetunion nicht vollends verkümmert. Er entfaltete sich voller Vitalität auf dem schwarzen Markt, ohne den die Versorgung zusammengebrochen wäre. Die pfiffigen Geschäftemacher, die meist aus den südlichen Republiken kamen, machten mit dem Verkauf von Lebensmitteln, Blumen, Autos dicken Reibach. Im Laufe der Breschnew-Zeit nahm die Schattenwirtschaft enorme Ausmaße an. Selbst staatliche Betriebe unterhielten Beschaffungskommandos, die per Schieberei oder Diebstahl dringend benötigte Materialien oder Ersatzteile besorgten.

Auf dem schwarzen Markt verdienten einzelne Bürger des sozialistischen Sowjet-Staates Millionen. Mafia-Organisationen bildeten sich. Sie unterwanderten die Polizei, das Industrie-Management und die Partei. Die Verbindungen reichten bis nach ganz oben. Selbst Breschnews Schwiegersohn Jurij Tschurbanow gehörte dazu, wie sich später herausstellte. Im Tunnelsystem des inzwischen gigantischen Apparates fand diese Mafia sicheren Schutz und reiches Auskommen.

Chruschtschow hatte unter der Funktionärsclique aufräumen wollen. Er wollte die Macht der „kleinen Stalins", wie sie Jewtuschenko nannte, durch limitierte Amtszeiten brechen. Das ist ihm schlecht bekommen. Als es ihm an den Kragen ging, ließen sie ihn fallen. Breschnew hatte daraus gelernt. Er stützte sich auf den Apparat und wahrte die Privilegien der Nomenklatura. Das führte zu rapidem Wachstum des Apparates durch Zellteilung.

Die Bürokratie, die Lenin eigentlich zerschlagen wollte, boomte wie entfesselt. Am Ende gab es unter Breschnew 110 Ministerien und 18 Millionen Funktionäre. Nicht er regierte, sondern der Apparat, der ihn aus Eigennutz an der Spitze hielt, obwohl der Schwerkranke schon seit Jahren zur Führung nicht mehr in der Lage war. Da auch seine Kollegen bis zum Tode auf Posten blieben, wurde aus dem Sowjetstaat eine mitleiderregende Gerontokratie. Die Zeit der Stagnation wurde diese Periode genannt. Aber sie war schlimmer. Mit Breschnews Bürokratie verkalkte das sozialistische System rettungslos. Nach Stalins Terror war sie die zweite Hauptursache für das Ende des Kommunismus.

Doch wie war es möglich, daß ein solcher Staat seine internationale Position noch verstärken konnte? Die Erklärung war bei der anderen Supermacht zu suchen. Während der Breschnew-Ära durchlief die USA eine Serie von schweren Krisen.

Der amerikanische Präsident Lyndon B. Johnson war im Gegensatz zu seinem Vorgänger Kennedy innenpolitisch orientiert. Sein Ziel war „The Great Society", eine gerechtere Gesellschaft mit fairer Sozialgesetzgebung und gleichen Bürgerrechten für Weiße und Schwarze. Er erntete dafür erbittert ausgetragene innere Konflikte. Zugleich marschierten die USA in den Vietnamkrieg, der sie viel Geld, Ansehen und Menschenleben kostete.

Johnson-Nachfolger Richard Nixon bereitete seinem Land mit dem Watergate-Skandal ein innenpolitisches Desaster. Die USA gerieten in eine tiefe Identitätskrise, die unter Präsident Jimmy Carter durch die demütigende Geiselnahme amerikanischer Diplomaten im Iran verschärft wurde. Dagegen wirkte die innenpolitisch scharf kontrollierte und militärisch mächtige Sowjetunion auf den Rest der Welt wie ein unverwundbarer Panzer, trotz ihrer wirtschaftlichen Kalamitäten.

Aus der ökonomischen Misere wollte Moskau unter Breschnew mit Hilfe des Westens herauskommen; bevorzugter Partner: Washington. Die Russen hatten von jeher eine Schwäche für die Amerikaner. Den ersten amerikanischen Gesandten in Rußland, den späteren Präsidenten John Quincy Adams, hatten sie schon Anfang des 19. Jahrhunderts wissen lassen, daß sie sich in ihrer unerschütterlichen Zuneigung gegenüber den Vereinigten Staaten nicht übertreffen ließen.

Der gemeinsam erkämpfte Sieg über Hitler-Deutschland hatte die Sympathien noch wachsen lassen. Daran konnte auch der Kalte Krieg nichts ändern. Die sowjetische Führung hatte nicht vergessen, wie wichtig während des Zweiten Weltkrieges Maschinen und Material aus den USA gewesen waren. Außenminister Andrej Gromyko, früher Botschafter in Washington und später an der UNO, konnte sich noch gut an das für Moskau vorteilhafte Verhältnis zwischen Stalin und dem amerikanischen Präsidenten Roosevelt erinnern. Nun, da sich die Voraussage des französischen Philosophen und Reisenden Alexis de Tocqueville aus dem vorigen Jahrhundert erfüllt hatte, daß Rußland und Amerika die kommenden Supermächte seien, wollte man einen Schritt weitergehen und die Welt gemeinsam beherrschen.

Der Besuch des französischen Staatspräsidenten Charles de Gaulle wurde als willkommene Auflokkerung der erstarrten Fronten zwischen Ost und West angesehen. Ein Jahr später kam man mit den Amerikanern ins Gespräch. Im September 1967 besuchte der sowjetische Ministerpräsident Alexej Kossygin den amerikanischen Präsidenten Johnson auf dessen Landsitz Glassboro. Neue Beziehungen schienen sich anzubahnen, aber dann zeigten sich die Sowjets von der Seite, für die sie gefürchtet wurden. Mit ihren Verbündeten marschierten sie im August 1968 in die Tschechoslowakei ein, um die Reformen der neuen KP-Führung unter Alexander Dubček auszulöschen.

Die westliche Welt war geschockt. Aber die Männer in Moskau zeigten keine Scham. Sie hatten nach Lenins Faustformel „Kto Kowo (wer wen)" gehandelt. Wenn sich der „Prager Frühling" mit seiner Idee vom Sozialismus mit menschlichem Antlitz durchgesetzt hätte, dann wären auch die übrigen Verbündeten wie Domino-Steine gefallen, hatten sie gefürchtet. Bevor Dubček ihr Imperium gefährdete, mußten sie ihn nach ihrer Logik ausschalten.

Genauso radikal gingen sie gegen Andersdenkende im eigenen Land vor. Als sieben Sowjetbürger unter Führung von Pawel Litwinow und Larissa Bogorass auf dem Roten Platz in Moskau gegen den Einmarsch in die Tschechoslowakei demonstrierten, wurden sie sofort festgenommen. Fünf kamen vor Gericht, zwei gleich in die Psychiatrie gesperrt. Dissidenten wie Andrej Amalrik und Wladimir Bukowski wurden brutal ins Gefängnis oder ins Lager gesperrt. Amalrik hatte sich erkühnt, ein bissiges Buch mit dem Titel „Wird die Sowjetunion das Jahr 1984 erleben?" zu schreiben. Wie sich später herausstellte, hat er sich vermutlich nur um wenige Jahre verspekuliert.

Der Westen reagierte empört. Prominente Dissidenten wie der Physiker Andrej Sacharow und der Schriftsteller Alexander Solschenizyn waren noch durch ihr internationales Ansehen geschützt. Aber man sollte sich nicht täuschen: Die Sympathien der Bevölkerungsmehrheit besaßen sie nicht. Mit deren Verständnis von Sowjetpatriotismus war öffentliche Kritik am eigenen Land nicht zu vereinbaren. Stalin steckte immer noch in ihren Herzen. In dem mehrteiligen Filmepos „Die Befreiung“ feierte er als der große Schlachtenlenker sein Comeback. Wenn Stalin auf der Leinwand erschien, erhoben sich die Menschen im Kino zu Ovationen.

Die Führung um Breschnew sah generell keinen Grund zu Kompromissen – weder nach innen noch nach außen. Mit aller Gewalt schlugen sie auch gegen den großen sozialistischen Bruder China zurück, als Maos Soldaten mit der Fibel des Großen Vorsitzenden in den Händen im März 1969 über den Grenzfluß Ussuri im Fernen Osten stürmten. Wahre Freundschaft hatte nie zwischen Russen und Chinesen geherrscht. Seit Chruschtschow hatten sich Moskau und Peking über den wahren Weg zum Kommunismus entzweit. Nun forderte Mao von der Sowjetunion riesige Gebiete in Fernost zurück, die der russische Zar im 19. Jahrhundert dem damals geschwächten China abgenommen hatte. Schadenfroh, aber auch ein bißchen bänglich – bei einem Atomwaffeneinsatz wäre auch die übrige Welt nicht ungeschoren geblieben –, beobachtete der Westen, wie sich die roten Brüder ineinander verbissen.

Zugleich herrschte in Europa dicke Luft. Zwischen Ost und West gab es Streit um die Transitwege von und nach Berlin. Die Spannung zerrte an den Nerven. Außerdem waren die beiden Supermächte im Vietnamkrieg gefährlich nahe aneinandergeraten. Moskau unterstützte vehement Hanois Ho Tschi-minh und die kommunistischen Aufständischen im Süden militärisch und moralisch im Kampf gegen die Amerikaner. Als Zündstoff konnte das für einen großen Konflikt reichen. Aber Moskau und Washington waren nicht an einem Waffengang interessiert. Es wäre auch der letzte in der Weltgeschichte gewesen.

Mit Richard Nixon in den USA und Willy Brandt in der Bundesrepublik Deutschland sah die sowjetische Führung Ende der sechziger Jahre Männer an die Macht gelangen, mit denen sie ins Geschäft kommen wollte. Breschnew hatte inzwischen die Außenpolitik zu seiner persönlichen Domäne innerhalb der kollektiven Führung gemacht. Der sowjetischen Führung ging es darum, ihre Gewinne aus dem Zweiten Weltkrieg und der Nachkriegszeit festschreiben zu lassen, und überdies um gewinnbringende Beziehungen. Der Westen wollte Entspannung, Durchlässigkeit des Eisernen Vorhangs und funktionierende Übergangsregelungen für umstrittene Punkte wie die Zukunft Berlins und die deutsche Einheit.

Zunächst gab es ein zähes Feilschen und knallhartes Pokern zwischen Bonn und Moskau; mißtrauisch beobachtet von den jeweiligen Verbündeten. Das Gespenst von Rapallo ging um – wie 1922 könnten sich Deutsche und Russen wieder einmal zum Nachteil der anderen einigen, argwöhnte man. Das mühsam erzielte Ergebnis wurde überall mit der Lupe untersucht und dann für unverdächtig oder akzeptabel befunden.

Die Grenzen in Europa waren nicht festgeschrieben, sondern lediglich beschrieben worden. Die Bonner erkannten die Existenz eines zweiten deutschen Staates an, blieben aber bei ihrem Anspruch auf deutsche Einheit. Auf dieser Grundlage ließen sich die Beziehungen zwischen Deutschland (West) und der Sowjetunion normalisieren und ähnliche Abkommen zwischen Bonn und Moskaus Alliierten schließen.

An einem schönen Sommerabend im August 1970 landete der deutsche Bundeskanzler Willy Brandt auf dem Moskauer Flughafen Wnukowo, um im Kreml mit dem sowjetischen Ministerpräsidenten Kossygin den Vertrag zwischen der Bundesrepublik Deutschland und der UdSSR zu unterschreiben. Wie ein gut gelaunter Pate verfolgte Leonid Breschnew – inzwischen die unbestrittene Nr. 1 in der Führungstroika – die Zeremonie. Er war offensichtlich zufrieden. Zwar hatte Moskau nicht alles erreicht, aber die Tür zum Westen war aufgestoßen. Daß dadurch auch Zugluft in sein Land kam, mochte er unterschätzt haben.

Die Sowjets meinten es ernst mit der Entspannung. Da auch der Westen in gleicher Weise entschlossen war, konnte man an ein Problem herangehen, das unlösbar schien: die Berlinfrage. Die West-Berliner fühlten sich von einem feindlichen Meer umgeben. Für das mit Moskau verbündete DDR-Regime hingegen war der Westen der geteilten Stadt auf die Dauer ein unerträglicher Störfaktor. Ständig gab es Reibereien, wobei der Westen den Schikanen des Ostens außer Protesten wenig entgegenzusetzen hatte. Jeder brachte nur seine Interessenlage in die Verhandlungen ein: Amerikaner, Franzosen, Engländer und Sowjets sowie die Deutschen West und Deutschen Ost. Aber das Entscheidende spielte sich zwischen Washington und Moskau ab. Beide verfuhren nach der gleichen Methode. Skrupellos umgingen sie ihre Partner im eigenen Lager und sogar im eigenen Land, wenn sie von ihnen Probleme fürchteten. Herauskam 1971 der wirkungsvollste Vertrag der Entspannungspolitik: Das Viermächte-Abkommen eliminierte mit einem Schlag bis zu seinem Auslaufen nach der deutschen Einheit den Krisenherd, der Europa immer wieder beunruhigt hatte.

Nun war für Moskau die Bahn frei für die langersehnten neuen Beziehungen zu den Vereinigten

Staaten von Amerika. Durch nichts ließ sich Breschnew dabei aufhalten – weder durch Washingtons Überraschungscoup, kurz zuvor mit Moskaus Rivalen Peking offizielle Beziehungen herzustellen, noch durch den Krieg in Vietnam. Befragt, ob er denn den amerikanischen Präsidenten empfangen könne, der seine Verbündeten in Indochina mit Bomben eindecke, antwortete der Sowjetführer zum Entsetzen seiner Berater lakonisch: „Vietnam ist weit weg!"

Ende Mai 1972 war der historische Tag da. Zum ersten Mal weilte ein amerikanischer Präsident zu einem Staatsbesuch in Moskau. Der Erz-Kapitalist Richard M. Nixon, den die Bolschewiken in ihren revolutionären Tagen als Mister Twister verspottet hatten, hielt Einzug im Kreml. Die Sowjets waren selig. Vertraglich bescheinigten ihnen die Amerikaner endlich Gleichrangigkeit. Als auch noch ein Abkommen über die Begrenzung der strategischen Waffen unterzeichnet wurde, sahen die sowjetischen Kommentatoren schon den ewigen Frieden heraufziehen. Allerdings: Das Wettrüsten wurde mitnichten eingestellt. Die Vertragspartner hatten sich dafür genügend Spielraum zugestanden.

Eine Flotte von Abkommen über Zusammenarbeit auf allen möglichen Gebieten wurde auf Kiel gelegt. Der Betrachter mochte glauben, nun fallen Amerikas Kapitalisten in die Sowjetunion ein, um dort die unermeßlichen Schätze zu heben. Die Hoffnung trog, wie die erwartungsvollen Sowjetmenschen feststellen mußten. Das Big Business der USA fürchtete die sowjetische Bürokratie noch mehr als die Durchschnittsamerikaner den Kommunismus.

Der Handel kam auch deswegen nicht in Gang, weil der amerikanische Kongreß Moskau ungehinderte Emigration von Sowjetbürgern jüdischer Nationalität abverlangte. Das war dem Kreml zuviel. Konzessionen heimlich, still und leise – ja, unter Druck nein! Man glaubte, das Gesicht zu verlieren. Breschnews Sowjetunion hatte viel vom Orient.

Doch Rußland, auch das kommunistische, denkt in langen Zeiträumen. Breschnew fühlte sich obenauf. Es gab kein Problem irgendwo in einer Weltregion, bei dem er nicht ein entscheidendes Wort mitredete. Zugleich konnte er beobachten, wie sich die Amerikaner schmählich aus Vietnam zurückziehen mußten. Er war alles andere als ein Harun al-Raschid, der sich unerkannt unters Volk begab. Der Kremlchef lebte fern der Wirklichkeit wie in einer Raumstation mit gelenkter Presse und frisierten Zahlen. Deshalb mochte ihm das Dahinsiechen des Sowjetsystems entgangen sein. Die ideologische Aufrüstung bewegte nichts mehr. Der Marxismus-Leninismus war bis zur letzten Phrase ausgedroschen. Die Sowjetunion sei ein Obervolta mit Raketen, frozzelte später der deutsche Bundeskanzler Helmut Schmidt.

1973 wollte Breschnew die Ernte einfahren mit seinen Besuchen in Westdeutschland und in den USA. Die Dekoration war hier wie dort pompös, der Ertrag gering. Sein Hauptpartner Richard Nixon wurde wegen Watergate zu Hause immer mehr in die Ecke gedrängt. Breschnew, unter Stalin aufgestiegen, sah darin eine durchtriebene Operation gegen die Entspannung.

Dann kam es zum Jom-Kippur-Krieg zwischen Ägypten und Israel. Wieder standen sich die beiden Supermächte gegenüber. Mit letzter Mühe konnten sie das Ende des Krieges herbeiführen. Danach ging es bergab mit den Ost-West-Beziehungen. Der deutsche Kanzler Brandt stürzte über einen Ost-Spion, der amerikanische Präsident Nixon über sich selbst. Damit waren zwei Protagonisten der Entspannung abgetreten. Und wegen der Ölkrise nach dem Nahostkrieg hatte der Westen andere Sorgen, als die sowjetische Wirtschaft anzukurbeln.

Ende 1974 wurde Breschnews Gesundheit problematisch. Die Bulletins sprachen von „Grippe". Doch danach war er regierungsunfähig. Aber ein Sowjetführer wird entweder gefeuert, oder er stirbt in den Sielen. Wäre Breschnew abgetreten, hätte er mit einem respektablen Platz in der Geschichte rechnen können. So aber schleppte er sich als traurige Figur von Jahr zu Jahr. Zum Schluß wurde er zur Inkarnation des todkranken Giganten Sowjetunion.

Doch schon am Ende seiner guten Tage war das Klima vergiftet. Alexander Solschenizyn, der in Chruschtschows Tauwetter-Periode mit seiner Erzählung aus dem Stalinschen Lager „Ein Tag im Leben des Iwan Denissowitsch" die Sowjetbürger tief bewegt hatte, war in der Breschnew-Ära immer mehr unter Druck geraten. Aber der Schriftsteller ließ sich trotz Verfolgung durch den Geheimdienst KGB nicht einschüchtern. Er brachte im Westen drei Bände unter dem Titel „Archipel Gulag" heraus, die an vielen Beispielen den Horror in den sowjetischen Arbeitslagern aufdeckten. Solschenizyn wurde im Februar 1974 verhaftet und am nächsten Tag ausgewiesen. Seine Staatsbürgerschaft war ihm abgenommen worden. In der Weltöffentlichkeit brach ein Sturm der Entrüstung los. Die Sowjetführung glaubte hingegen, besonders human gehandelt zu haben. Nach ihrem Rechtsverständnis hätte Solschenizyn auf lange Jahre ins Lager gehört.

Obwohl sich die Kluft zwischen Ost und West wieder weitete, kam in Helsinki die Konferenz über Sicherheit und Zusammenarbeit in Europa (KSZE) zustande. Alle europäischen Staaten waren vertreten, dazu USA und Kanada. Aber der ursprüngliche Geist der Entspannung hatte sich schon verflüchtigt. Die Sowjets waren enttäuscht, weil sich der Westen mit der wirtschaftlichen Zusammenarbeit zurückhielt. Der Westen hatte seinerseits eine größere Liberalisierung der Sowjetgesellschaft erwartet. Statt dessen waren Repressionen zu beobachten.

Professor Jurij Orlow war ein begabter Physiker. Aber er ließ seine Karriere fahren, weil er sich nicht mit den Verhältnissen kritiklos abfinden wollte. Er fand sich mit anderen zusammen, die ähnlich dachten; so der Ingenieur Anatolij Schtscharanski. Gemeinsam wollten sie darauf achten, daß in der Sowjetunion die Verpflichtungen der KSZE-Schlußakte hinsichtlich der Menschenrechte eingehalten würden. Sie kümmerten sich um vom KGB Verfolgte und politische Häftlinge. Zu ihrer Gruppe stießen Andrej Sacharow, der am Bau der Atombombe beteiligt war und später zum unbeugsamen Systemkritiker wurde, und der ehemalige General Pjotr Grigorenko, der Mißstände scharf attackiert hatte und deshalb fürchterliche Jahre in einer psychiatrischen Anstalt eingesperrt erleiden mußte.

Da die eigene Presse nichts mit ihnen zu tun haben wollte, wandten sich die Dissidenten an die Weltkorrespondenten. Das KGB witterte dahinter eine Verschwörung. Auf Geheiß der politischen Führung wurden Orlow, Schtscharanski und andere verhaftet und in schlimme Lager gesperrt. Die Sowjetunion stellte sich dem Westen als „das Reich des Bösen" dar, wie es später der amerikanische Präsident Reagan formulierte.

Aber kulturlos war dieses Land nicht. Trotz der entwürdigenden Zensur erschienen lesenswerte Bücher über Alltagsprobleme in den Städten und auf dem Land, über die Zerstörung der Natur und das Leben ferner Nationalitäten. Jurij Trifonow, Dschingis Aitmatow, Fasil Iskander, Valentin Rasputin und andere erregten auch im Westen Aufsehen. Das Theater bot ebenfalls interessante Stücke. Vor dem „Taganka" in Moskau warteten die Menschen Tage und Nächte auf Karten, um die Aufführungen des wagemutigen und experimentierfreudigen Regisseurs Jurij Ljubimow zu erleben.

Immer trostloser wurde es hingegen auf der politischen Bühne. Die Führung vergreiste zusehends, mit dem Westen lief wenig, die Versorgung verschlechterte sich, ebenso die Stimmung. Die Verhandlungen mit den USA über ein zweites Abkommen zur Begrenzung der Strategischen Rüstung zogen sich hin. 1979 wurde es in Wien von Leonid Breschnew und dem amerikanischen Präsidenten Jimmy Carter unterschrieben, aber der Kongreß in Washington lehnte die Ratifizierung ab.

Inzwischen waren neue sowjetische Atomraketen mittlerer Reichweite entdeckt worden. Die NATO gab ihnen den Namen „SS 20". Sie zielten auf Westeuropa. Erst leugnete Außenminister Gromyko die Existenz dieser Waffen. Dann wurden sie zu Maßnahmen gegen westliche Raketen und Atom-Bomber erklärt. Als Moskau nicht nachgab, beschloß der Westen die Stationierung eigener Mittelstreckenraketen vom Typ „Pershing 2", falls die SS 20 nicht bis dahin verschwunden seien.

So verkalkt die sowjetische Führung inzwischen war, sie war noch zu Überraschungen fähig, wie seinerzeit beim Sturz von Chruschtschow. Als sich die Welt 1979 auf eine ruhige Jahreswende freute, marschierte plötzlich die Sowjetarmee in Afghanistan ein. Angeblich sollte damit den USA zuvorgekommen werden, die nach ihrem Rausschmiß aus dem Iran neue Stützpunkte an der weichen Flanke der Sowjetunion suchten.

Nur die Leute an der Spitze sollen sich die Invasion ausgedacht haben. Aber die Rechnung der sowjetischen Führung ging nicht auf. Afghanistan ließ sich nicht besetzen wie die Tschechoslowakei. In zehn Jahren Krieg erlebte die Sowjetarmee ihr Vietnam. Der Westen hatte sofort und schroff reagiert. Washington stoppte die Weizenverkäufe. Der Handel ging zurück. Die Olympischen Spiele, die Moskau gerne groß mit aller Welt gefeiert hätte, wurden vom Westen boykottiert.

Das Versagen innen wie außen machte die Führung nervös und böse. Trotz aller Proteste der Weltöffentlichkeit wurde Andrej Sacharow nach Gorki (Nischnij Nowgorod) an der Wolga verbannt. Wie schon früher verlor die Sowjetunion namhafte Künstler und Schriftsteller. Sie wurden entweder ihrer Staatsbürgerschaft beraubt, oder sie gingen unter Druck. Jurij Ljubimow, Lew Kopelew, Wladimir Woinowitsch, Wassilij Aksjonow, Viktor Nekrassow, Efim Etkind und Josef Brodski, der später mit dem Literatur-Nobelpreis ausgezeichnet wurde. Welch ein Aderlaß für das Land!

Die Konservativen im Westen frohlockten, denn die Sowjetunion gab sich so, wie man sie immer gesehen hatte. Der neue amerikanische Präsident Ronald Reagan wollte nichts mit Moskau zu tun haben. Er brauchte Gesprächsangebote nicht zu fürchten. Leonid Breschnew wäre zu einem Gipfeltreffen nicht mehr imstande gewesen.

Nach seinem Tod war die Breschnew-Ära noch nicht beendet. Sein Nachfolger, der langjährige KGB-Chef Jurij Andropow, startete wackere Reformversuche. Er wollte dem Apparat zu Leibe rücken und die Wirtschaft wieder in Schwung bringen. Aber er starb schon nach einem Jahr.

Danach kam zum Entsetzen aller der Breschnew-Gehilfe Konstantin Tschernenko, ein farb- und durch Krankheit auch noch hilfloser Apparatschik, an die Macht. Mit seinem Amtsantritt erstarb jede Initiative. Als auch er nur ein Jahr später an der Kremlmauer beigesetzt wurde, glich die Sowjetunion einem muffigen Mausoleum.

Drei neue Herren im Kreml

Gemeinsam mit Jungen Pionieren, die wegen besonderer Leistungen mit auf die Tribüne dürfen, nehmen im November 1966 die drei nun mächtigsten Kreml-Herren eine Parade auf dem Roten Platz ab: Filzhutträger Leonid Breschnew als Parteichef, Alexej Kossygin als Erster Vorsitzender des Ministerrates und Nikolaj Podgorny als Vorsitzender des Obersten Sowjets und damit Staatsoberhaupt. Die neue kollektive Führung bremst die von Chruschtschow eingeleitete radikale Entstalinisierung zugunsten einer um Differenzierung bemühten Bewertung des Diktators. Wirtschaftspolitisch begünstigt der Kreml weiter die Schwerindustrie, verspricht aber auch eine Ankurbelung der Konsumgüterproduktion und eine höhere Effizienz der Landwirtschaft.

„Zur Hölle mit Sukarno!“

Linksgerichtete Studenten stürmen mit dem Ruf „Zur Hölle mit Sukarno!“ durch die Straßen der indonesischen Hauptstadt Djakarta. Die Schaukelpolitik des Staatspräsidenten Sukarno und wirtschaftliche Schwierigkeiten führten zu Unruhen im Lande. Sukarno hatte seinen Inselstaat 1949 aus der holländischen Kolonialherrschaft in die Unabhängigkeit geführt. Als Staatspräsident verfolgte er eine Politik der Balance zwischen hinduistischen, moslemischen und sozialistischen Idealen. Von 1959 an räumte er jedoch den Kommunisten wachsenden Einfluß ein und ging außenpolitisch auf engen Kontakt zur kommunistischen Volksrepublik China. Ein Putschversuch der indonesischen KP scheitert 1965 zwar, schwächt aber Sukarnos Position. 1967 zwingen Offiziere ihn zum Rücktritt und stellen ihn unter Hausarrest.

Der Terror der Roten Khmer

Wie keine andere kommunistische Bürgerkriegsarmee verbreiten seit Anfang der siebziger Jahre die Roten Khmer in Kambodscha Angst und Schrecken. Unter der Führung des lächelnden KP-Sekretärs Pol Pot gelingt den Dschungelkämpfern 1975 die Einnahme der Hauptstadt Phnom Penh. Unter Pol Pot als Ministerpräsidenten üben die Roten Khmer von 1976 bis 1979 ein Regime des Terrors aus, dem ungezählte Menschen zum Opfer fallen. Mit Massenmorden unter der eigenen Bevölkerung versucht Pol Pot einen totalen Umsturz der gesellschaftlichen Verhältnisse. So werden Stadtbewohner zur Arbeit aufs Land deportiert und alle privaten Unternehmen enteignet. 1979 wird Pol Pot mit Hilfe Vietnams von gemäßigten Kommunisten gestürzt. Seine Schreckensherrschaft geht als „Steinzeit-Kommunismus" in die Geschichtsbücher ein. Auch in den achtziger Jahren bleibt Pol Pot mit seinen Dschungelkämpfern von großem Einfluß in Kambodscha.

China wird eine Atommacht

Am 16. Oktober 1964 gelingt chinesischen Wissenschaftlern in Zentralasien die Explosion einer selbstgebauten Atombombe. Drei Jahre später verfügt die Volksrepublik auch über eigene Wasserstoffbomben. Das kommunistische Land mit Mao Tse-tung an der Spitze tritt damit – wie die Fotomontage ganz rechts symbolisiert – in den Kreis der atomaren Weltmächte ein. Der Besitz von Kernwaffen stärkt Pekings Vormachtstellung auf dem asiatischen Kontinent. Stolz präsentiert das Pekinger Fernsehen Dokumentaraufnahmen chinesischer Soldaten, die in Schutzanzügen atomare Einsätze üben. Im April 1970 meldet Peking einen neuen großen Erfolg seiner Wissenschaftler: Ein erster chinesischer Satellit umkreist die Erde.

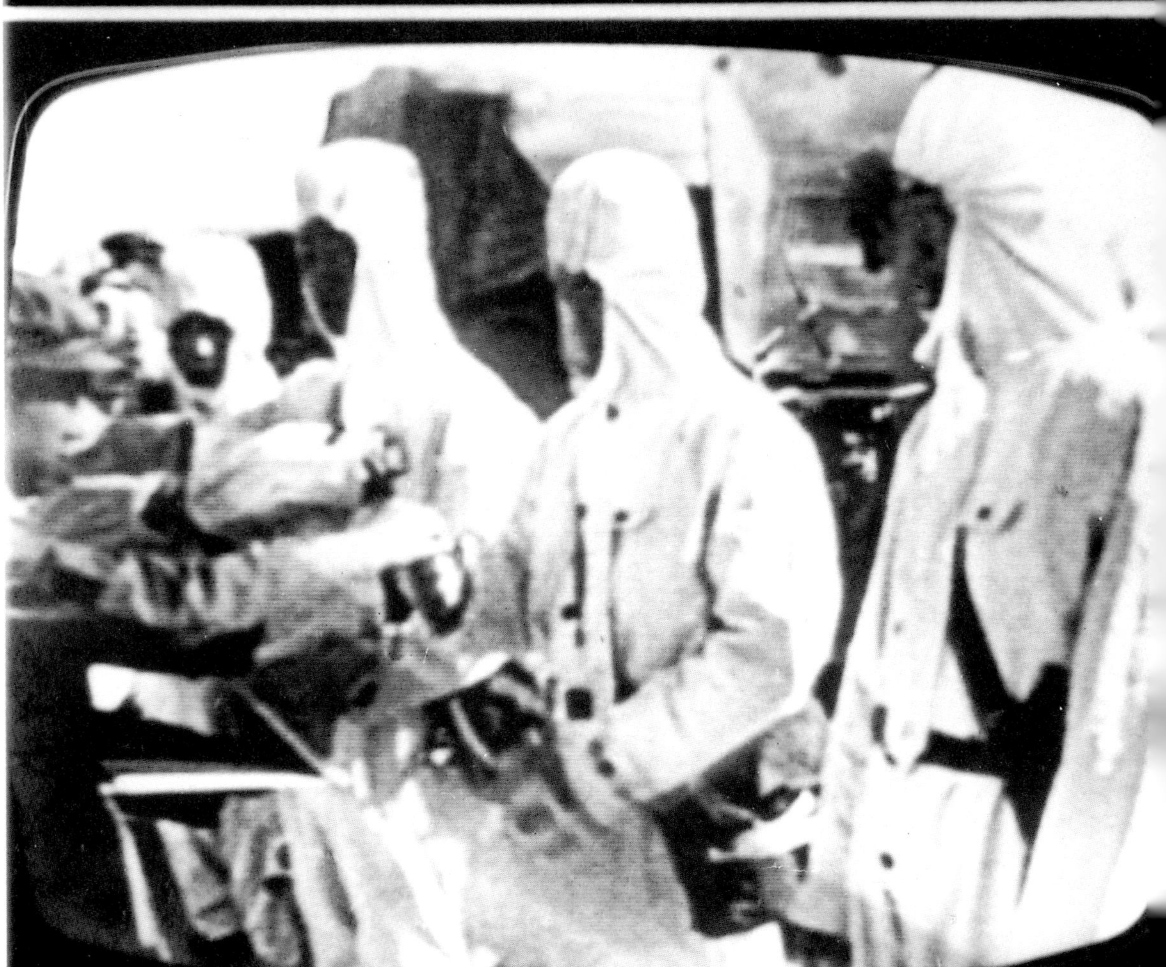

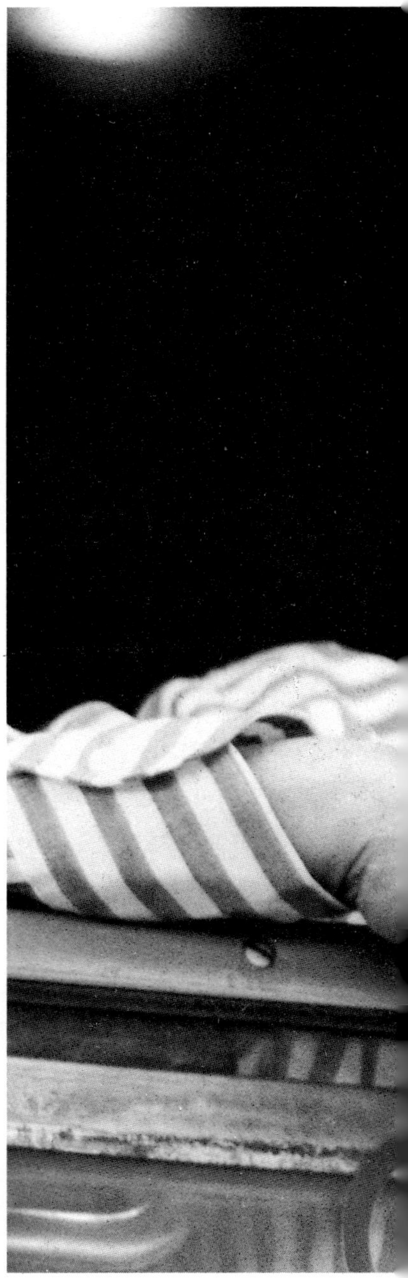

Die Kritik bleibt nicht mehr stumm

Mit allen Mitteln der Unterdrückung versucht der alte sowjetische Machtapparat die wachsende Kritik verstummen zu lassen, die Dissidenten an der Moskauer Führung üben. Der Physiker und Bürgerrechtler Andrej Sacharow (oben links) wird nach Gorki verbannt, eine für Ausländer verbotene Stadt. Alexander Solschenizyn (oben rechts), der in seinen Romanen den Terror der stalinistischen Straflager beschreibt, wird 1974 ausgewiesen. Die Schriftsteller Julij Daniel (unten links) und Alexander Ginsburg (Mitte) werden wegen regimekritischer Schriften zu mehrjährigen Haftstrafen verurteilt. Generalmajor P.G. Grigorenko wird nach öffentlichen Attacken gegen den Staatsapparat als angeblich geisteskrank in eine psychiatrische Klinik eingeliefert – wie viele andere Dissidenten auch. Doch je härter sie unterdrückt werden, desto mehr internationales Ansehen gewinnen die Dissidenten. Sacharow wird mit dem Friedensnobelpreis ausgezeichnet und Solschenizyn mit dem Nobelpreis für Literatur.

AŤ ŽIJE 1. M

Marsch in den Prager Frühling

Winkend ziehen der weißhaarige tschechoslowakische Staatspräsident Ludvík Svoboda und KP-Chef Alexander Dubček zwischen Ministerpräsident Gustav Husák (links) und Frantisek Kriegel von der Nationalen Front (rechts) am 1. Mai 1968 an der Spitze des traditionellen Umzuges durch die Prager Innenstadt. Unter Dubčeks Führung leitet die Prager Regierung zwischen Januar und August des Jahres eine Reihe von Reformen ein, die zu einem „Kommunismus mit menschlichem Antlitz" führen sollen. Die Pressezensur wird abgeschafft, Meinungs- und Versammlungsfreiheit werden garantiert. Auf der Basis einer sozialistischen Grundordnung wollen die Vertreter des „Prager Frühlings" den Tschechoslowaken auch auf vielen anderen Gebieten demokratische Rechte einräumen. Moskau und die Regierungen anderer sozialistischer Staaten beobachten die Entwicklung mit Mißtrauen. Dubčeks Reformkommunismus verstößt ihrer Ansicht nach gegen die Parteidisziplin.

Mlékárna

Trauer und Wut am 21. August 1968

Truppen der UdSSR, der DDR, Polens, Ungarns und Bulgariens bereiten dem „Prager Frühling" am 21. August 1968 ein gewaltsames Ende. Sowjetische Panzer und Fallschirmjäger dringen in die Prager Innenstadt vor. Die Bevölkerung reagiert auf die Okkupation mit Wut und Trauer. Junge Leute greifen die Panzer mit Steinen an und versuchen, den Einmarsch durch brennende Barrikaden zu stoppen. Ein junger Mann mit einer tschechischen Fahne wird bei der Explosion eines Munitionswagens so verletzt, daß sein Blut das Fahnentuch färbt. Das Foto des von einem Freund gestützten Fahnenträgers wird zum Symbol der verlorenen Freiheit. Während die Bevölkerung auf den Straßen Sowjetsoldaten als „Faschisten" beschimpft, verhaftet ein Rollkommando das gesamte Politbüro der tschechoslowakischen KP. Die Reformkommunisten werden nach Moskau gebracht und unter Druck gesetzt, bis sie, mit Ausnahme Kriegels, der Stationierung sowjetischer Truppen in der ČSSR zustimmen und sich verpflichten, wieder die Pressezensur einzuführen und alle eingeleiteten Reformen rückgängig zu machen. Damit sind alle Hoffnungen auf einen demokratischen Kommunismus vorerst begraben.

Schüsse an der Grenze zu China

Im März 1969 kommt es am Grenzfluß Ussuri zu blutigen Gefechten zwischen sowjetischen und chinesischen Grenztruppen. Seit langem schon streiten sich die beiden kommunistischen Mächte um den Besitz der im Ussuri liegenden Damanskij-Inseln, auf die Sowjetsoldaten oben links ein Superfernrohr gerichtet haben. Das Foto oben rechts zeigt die Beisetzung von 31 Sowjetsoldaten, die am 2. März bei einem Feuerwechsel mit Chinesen am Ussuri den Tod fanden. Auch am Grenzfluß Amur kommt es zu Zusammenstößen von Sowjettruppen (unten links) mit chinesischen Einheiten. Entlang des Amur verläuft die Trasse der strategisch wichtigen Transsibirischen Eisenbahn. Chinesische Forderungen nach Grenzkorrekturen werden von Moskau zurückgewiesen.

Die USA werten China auf

Ein freundlicher Empfang durch den chinesischen Premierminister Tschu En-lai leitet im Februar 1972 einen einwöchigen Staatsbesuch des amerikanischen Präsidenten Richard Nixon in China ein. Damit ist die Volksrepublik zum erstenmal offiziell von den USA diplomatisch anerkannt. In der Vergangenheit hatte Washington einseitig die Interessen der sogenannten Nationalchinesen vertreten, die nach ihrer Vertreibung vom chinesischen Festland auf die Insel Formosa dort einen eigenen Staat Taiwan gegründet hatten. Mit der Aussöhnung zwischen China und den USA endet nach über zwei Jahrzehnten ein Zustand des „kalten Krieges" zwischen den beiden Mächten.

Siegesfeier im eroberten Saigon
Mit einer Siegesparade feiern nordvietnamesische Truppen am 14. Mai 1975 auf den breiten Boulevards von Saigon die Kapitulation Südvietnams und damit das Ende des Vietnamkrieges. In den Bürgerkrieg zwischen dem kommunistischen Norden und dem westlich orientierten Süden des Landes hatten Anfang 1965 auch amerikanische Truppen eingegriffen. Dadurch war der für den Süden schon verlorene Krieg in die Länge gezogen worden – unter schweren Opfern der Zivilbevölkerung, die mörderische Übergriffe beider Kriegsparteien erdulden mußte. Große Teile Südvietnams sind durch Flächenbombardements und die chemische Entlaubung weiter Dschungelgebiete verwüstet. Als sich die Amerikaner vom Kriegsschauplatz zurückzogen und auch ihre finanzielle Hilfe für die Regierung in Saigon einstellten, war der Krieg für den Süden endgültig verloren.

Der Papst besucht seine polnische Heimat

Mit einem Besuch seines Heimatlandes Polen im Juni 1979 unterstützt Papst Johannes Paul II. die starken katholischen Kräfte und schwächt damit zugleich die kommunistische Regierung in Warschau. Wo immer der Pontifex auf seiner Besuchsreise aufs Podium tritt, wie hier bei Gnesen, jubeln ihm Hunderttausende zu. Politischen Beobachtern bleibt kein Zweifel daran, daß sich mit den Ovationen für den Heiligen Vater ein polnischer Umschwung andeutet – eine Machtergreifung der von der katholischen Kirche unterstützten Gewerkschaft „Solidarność“.

Spektakel auf sowjetisch

Wie die meisten totalitären Staaten nimmt auch die Sowjetunion, wie hier 1979 bei der 7. Völker-Spartakiade in Moskau, sportliche Wettkämpfe zum Anlaß für große Massenspektakel, die, fernsehwirksam dargeboten, Propaganda für den Kommunismus machen sollen. Es sind Inszenierungen am Rande des Kitsches, mit Menschen als Versatzstücken.

Moskau schickt Truppen nach Kabul

Durch die Entsendung von Truppen versucht die UdSSR im Dezember 1979 ihren Einfluß in Afghanistan zu sichern. Während Panzer und Armeelastwagen über die Grenze in das Hochland rollen, setzen Großraumflugzeuge in der Hauptstadt Kabul Zehntausende Sowjetsoldaten ab. Die Invasoren helfen bei der Installierung einer moskauhörigen Regierung. Der als unzuverlässig geltende Ministerpräsident Amin und seine Familie werden erschossen. Währenddessen fühlen sich überall im Land moslemische Rebellen zu erbittertem Widerstand gegen die als gottlos geltenden Besatzer aufgerufen. Bald sieht sich die Sowjetunion in Afghanistan in einen ähnlich gnadenlosen Krieg verwickelt wie einst die USA in Vietnam. Ihre Truppentran porte werden in d unübersichtlicher Gelände des Hin kusch aus dem H terhalt überfallen die eigene Armee stimmter Nachsc an Waffen landet

ı den Händen der ·llen. Wie einst die ·rikaner in Viet- müssen die So- · in Afghanistan ·ere Niederlagen ·ecken. Moskau ·den Krieg verlo- ·nd zieht bis Februar 1989 sämtliche Soldaten aus dem Bergland zurück.

Lech Walesa gewinnt die Machtprobe

Auf der Danziger Lenin-Werft wird der Elektriker Lech Walesa im Sommer 1980 zum Führer eines Streiks, der bald auch auf andere Industrien Polens übergreift. Anfangs kämpfen die Arbeiter für mehr Lohn und gegen eine gerade von der Regierung beschlossene Erhöhung der Fleischpreise. Aber bald fordern Walesa und seine Mitstreiter von der kommunistischen Führung in Warschau das bislang verweigerte Streikrecht und die Zulassung einer unabhängigen Gewerkschaft. Angesichts der massenhaften Arbeitsniederlegungen und der angeschlagenen wirtschaftlichen Lage gibt die Regierung Gierek nach. Lech Walesa ruft die unabhängige Gewerkschaft „Solidarność" aus. Der Machtverfall der Kommunisten beginnt.

Gas aus Sibirien für den Westen
Um rund einen Kilometer täglich wächst 1982 in Sibirien die Rohrleitung westwärts, mit der sibirisches Erdgas quer durch die Sowjetunion in die Ukraine und von dort später weiter nach Westdeutschland geleitet werden soll. Im Gasfördergebiet von Urengoi werden pro Tag mehrere hundert Millionen Kubikmeter Gas gefördert. Für die knapp 5000 Kilometer lange Pipeline orderten die Sowjets vor allem Röhren der westdeutschen Firma Mannesmann.

Eine Ära geht zu Ende

Am 13. Februar 1984 wählt das Zentralkomitee den 72jährigen Konstantin Tschernenko (oben) zum neuen Parteichef der KPdSU. Wie seinem Vorgänger Jurij Andropow, der das Land nach dem Ableben Breschnews bis zu seinem eigenen Tod nur 15 Monate regierte, ist auch dem herz- und lungenkranken Tschernenko nur eine kurze Amtszeit beschieden. Der einstige Kronprinz Breschnews erweist sich als zu schwach, die Phase der politischen Stagnation der letzten Jahre zu überwinden. Im März 1985 stirbt auch Tschernenko. Hinter dem offenen Sarg, in dem er zu Grabe getragen wird, nimmt Michail Gorbatschow die erste Stelle im Trauerzug ein. Bereits wenige Stunden nach Tschernenkos Tod war das 54jährige Politbüromitglied zum neuen Generalsekretär der KPdSU gewählt worden. Mit der Wahl Gorbatschows ist der längst fällige Generationswechsel in der Führungsspitze vollzogen. Eine neue Ära beginnt.

Die Ära Gorbatschow - das Ende des Kommunismus?

Von Mario R. Dederichs

Kaum jemand, der Michail Sergejewitsch Gorbatschow direkt begegnet ist, hat sich der Faszination und Dynamik dieses Mannes entziehen können. Sein starker Händedruck, sein gewinnendes Lächeln, sein hellwacher Blick, seine unermüdliche Geistesgegenwart wirken elektrisierend und respektgebietend. Er fordert Gesprächspartner intellektuell heraus, fragend, forschend, wischt Platitüden und Lobhudeleien ungeduldig beiseite und versteht es, seine Haltung mit melodischer Stimme und gestochenen Formulierungen überzeugend darzulegen. Wer aus einem Treffen mit Gorbatschow herauskommt, nimmt fast ausnahmslos den Eindruck mit, einem der großen Staatsmänner des 20. Jahrhunderts begegnet zu sein.

Seine erste Bewunderin im Ausland war ausgerechnet Großbritanniens erzkonservative Premierministerin Margaret Thatcher. Im Dezember 1984 besuchte Politbüromitglied Gorbatschow London. An der Seite seiner eleganten und klugen Frau Raissa präsentierte er sich als Sowjetführer neuen Typs, so ganz anders als die Greise, die einander im Kreml in einem beklemmenden Wechsel von Staatsbegräbnissen ablösten: der jahrelang dahinsiechende Leonid Breschnew, sein nierenkranker Nachfolger Jurij Andropow, nur 15 Monate im Amt, schließlich ab Februar 1984 der schon todgeweihte Konstantin Tschernenko. Vielleicht genügte es da schon, wenn einer ohne Krücke gehen und frei reden konnte, aber Maggie Thatcher entdeckte viel mehr Qualitäten an dem 53jährigen Russen: „Ich mag Mr. Gorbatschow. Wir könnten miteinander ins Geschäft kommen."

Es dauerte nicht lange, und Gorbatschow wurde der Mann, mit dem eine ganze Welt ins Geschäft kam. Am 11. März 1985, noch ehe die „Prawda" den Nachruf auf Tschernenko veröffentlichen konnte, wählte das Zentralkomitee in Moskau „einmütig" den ersten Akademiker seit Lenin zum neuen Generalsekretär der KPdSU. Es vollzog damit einen Wechsel, dessen Ausmaße sich an jenem bleigrauen Wintertag niemand ausmalen konnte — nicht nur zu einer neuen Generation, sondern zu einem historischen Umbruch, der nichts unverändert ließ: die Partei, den Kommunismus, den Sowjetstaat, Europa und die Welt.

Gorbatschow verlor keine Zeit, die Weichen für die Zukunft zu stellen. Er machte keinen Hehl daraus, daß sich in der Sowjetunion „Probleme von wahrhaft gigantischen Dimensionen" über ein Jahrzehnt lang in einer „Periode der Stagnation" angehäuft hatten. Das größte Land der Erde litt unter einer maroden und rückständigen Planwirtschaft, die nur den Mangel an Lebensmitteln, Konsumgütern und Wohnraum für die Mehrheit seiner 285 Millionen Einwohner verwalten konnte, einer lähmenden Bürokratie, die Eigeninitiative erstickte, aber Arbeitsunlust, Verantwortungslosigkeit und Korruption hinnahm, sowie einer erstarrten Ideologie, die auf freie Gedanken nur mit dem Unterdrückungsapparat des allmächtigen Geheimdienstes KGB zu reagieren wußte. Nach außen verzehrte die UdSSR ihre Kräfte in einem nuklearen und konventionellen Wettrüsten mit dem Westen, der Stützung nutzloser Verbündeter von Vietnam über Angola bis Kuba und einem hoffnungslosen Krieg in Afghanistan. Die Supermacht rutschte ab in den Bankrott.

Am 23. April 1985 beschloß das Zentralkomitee der KPdSU ein noch recht vages Programm zur Sanierung des Wirtschaftssystems: „Wandlungen in den Methoden der Wirtschaftsführung", „eine wesentliche Beschleunigung des sozioökonomischen Fortschritts", die „Vervollkommnung des Sozialismus". Aber jeder, der Gorbatschows Referat auf der KP-Konferenz am 10. Dezember 1984 gelesen hatte, wußte, daß der neue Mann weiter dachte. Dort nämlich hatte er „tiefgreifende Umgestaltungen in der Wirtschaft und im gesamten System der gesellschaftlichen Beziehungen“ und „Offenheit“, „rechtzeitige und ehrliche Information“ als „unabdingbar“ für die „sozialistische Demokratie“ gefordert. Bald gingen die russischen Begriffe für „Umgestaltung“ und „Offenheit“ ins internationale Politvokabular ein: „Perestrojka“ und „Glasnost“.

Gorbatschow hatte sich bis 1985 kaum hervorgetan, wenn auch sein Aufstieg in der Partei, stets mit dem Ruf von Kompetenz, Fleiß und Loyalität, ungewöhnlich rasch verlief. Er stammte aus dem Kaukasus-Vorland um Stawropol, einem reichen Agrargebiet. Dort machte der Bauernsohn nach einem Jurastudium in Moskau Karriere: Komsomol-Chef, Stadtparteiführer, Gebietssekretär. Als sein Stawropoler Mentor Fjodor Kulakow 1978 starb, wurde Gorbatschow auf seinen Posten als ZK-Sekretär für Landwirtschaft nach Moskau befördert. Vielleicht wäre Kulakow der neue Mann der Sowjetunion geworden, nun aber setzten seine einflußreichen Förderer, der Chefideologe Michail Suslow und KGB-Chef Jurij Andropow, auf den Neuling. 1979 war Gorbatschow Kandidat, 1980 Vollmitglied des Politbüros. In der kurzen Vor-Reform-Periode unter Andropows Parteivorsitz machte sich Gorbatschow bereits mit dem Instrumentarium der Macht und der Unabdingbarkeit von Reformen vertraut.

Zuerst jedoch mußte der neue Generalsekretär seine Macht im Apparat absichern. Den Anhängern der Breschnew-Mafia riet er ungeschminkt: „Gehen Sie aus dem Weg! Seien Sie kein Hindernis.“ Noch 1985 feuerte er seine Hauptrivalen, den alkoholkranken Leningrader Parteisekretär Grigorij Romanow und den starrsinnigen Moskauer Lokalfürsten Viktor Grischin, aus dem Politbüro, entließ gleich dutzendweise Gebietssekretäre und Minister und zog Gleichgesinnte heran, so den Betriebsmanager Nikolaj Ryschkow anstelle des altersschwachen Ministerpräsidenten Nikolaj Tichonow, den georgischen Korruptionsbekämpfer Eduard Schewardnadse statt des seit 28 Jahren amtierenden Außenministers Andrej Gromyko. Dem „alten Fuchs“ Gromyko, der noch drei Jahre Staatsoberhaupt sein durfte, half es nichts, daß er den machiavellistischen Machtpolitiker Gorbatschow früh durchschaut hatte: „Genossen, dieser Mann hat ein nettes Lächeln, aber er hat eiserne Zähne ...“

Das bekamen, wann immer ihre Nützlichkeit erschöpft schien, auch Gorbatschows Verbündete zu spüren: Seinen Chefideologen Jegor Ligatschow degradierte er 1988, weil er ein konservativer Bremser blieb, seinen Moskauer Stadtsekretär Boris Jelzin, weil er zu ungestüm auf Reformen drängte. Immer taktierte und lavierte der Generalsekretär, um die schwerfällige Partei voranzubewegen, deren Funktionärsscharen um Macht und Privilegien zitterten. Der XXVII. Parteitag der KPdSU im Frühjahr 1986 und die außerordentliche 19. Parteikonferenz im Juni 1988 stimmten zwar für die Reformprogramme des Parteichefs, so wie Parteitage immer Vorschläge der Führung gebilligt hatten, aber ihre Umsetzung blieb im Getriebe des Apparats stecken. „Unser Hauptgegner“, erkannte Reform-Anhänger Valentin Falin, „ist das alte verkrustete Denken.“

Gorbatschow trat die Flucht in die Öffentlichkeit an. Unermüdlich reiste er als Werbetrommler für seine Perestrojka durch das Land. Sowchos-Bauern im Moskauer Umland ließ er Ausreden vom harten Winter nicht durchgehen: „Seien wir doch ehrlich und geben Mißwirtschaft, Apathie und sogar Verantwortungslosigkeit zu.“ Parteigenossen in Murmansk riet er: „Wartet nicht länger auf Anweisungen von oben!“ Einem Werktätigen in Krasnojarsk empfahl er, schlechte Parteikandidaten einfach nicht zu wählen. „Wir müssen den ganzen Kalk, der sich abgesetzt hat, abkratzen“, belehrte er Arbeiter in Chabarowsk. „Ohne die aktive Mitwirkung des Volkes werden wir die Aufgaben nicht lösen können“, betonte er im Januar 1987 vor dem ZK. „Wir brauchen Demokratie wie die Luft zum Atmen.“

Glasnost war die Voraussetzung für den Sprung aus dem langen Schatten des Stalinismus. Indem er zunehmend Gedankenfreiheit gewährte, machte Gorbatschow die Intellektuellen zu Vorreitern der Perestrojka. Undenkbares geschah in der UdSSR: Gefängnistüren und Lagerpforten öffneten sich für politische Gefangene wie den jüdischen Aktivisten Anatolij Schtscharanskij, den Regimekritiker Jurij Orlow und den Untergrund-Publizisten Sergej Grigorjanz. Sowjetische Juden und Deutsche durften zu Hunderttausenden ausreisen. Die Polizei sah zu, als Tataren und Dissidenten demonstrierten. Die russisch-orthodoxe Kirche feierte ihr tausendjähriges Bestehen mit offiziellem Segen. Verfemte Schriftsteller und Maler konnten ihre Werke vorstellen; selbst Alexander Solschenizyns „Archipel

Gulag“ wurde gedruckt. Filme prangerten Stalins Terror an, die Partei gestand seine millionenfachen Morde und seinen Pakt mit Hitler ein; Gorbatschow nannte Stalins Schuld „unverzeihlich“.

Den Höhepunkt dieser Entwicklung aber stellte ein Telefonanruf am 16. Dezember 1986 dar. Gorbatschow selbst rief in einer Wohnung in Gorkij an, wo der größte russische Freidenker des Jahrhunderts, Andrej Sacharow, Physiker, Menschenrechtler und Friedensnobelpreisträger, seit 1980 in Verbannung lebte. „Sie können nach Moskau zurückkehren“, verkündete der Generalsekretär. „Gehen Sie wieder an Ihre patriotische Arbeit.“ Bis zu seinem Tod Ende 1989 blieb Sacharow der oft ätzend kritische Weggefährte Gorbatschows, und der Parteichef näherte sich immer mehr dem Leitsatz des Dissidenten, daß es „ohne Freiheit keinen Fortschritt“ geben kann.

Doch der reale Fortschritt, der das Leben der Sowjetmenschen „spürbar verbessern“ sollte, blieb Gorbatschow versagt. Je radikaler sein Programm wurde, je mehr er „Umgestaltung“ mit „Revolution“ gleichsetzte, desto größer wurden Unsicherheit und Chaos. Sein erstes Konzept der „Beschleunigung“ der Wirtschaftsleistung mußte als undurchführbar aufgegeben werden. Sein Versuch, mit einer Superbehörde namens GosAgroProm die landwirtschaftliche Misere in den Griff zu bekommen, scheiterte kläglich. Sein Programm gegen den Alkoholismus – von 1953 bis 1984 stieg der jährliche Wodka-Konsum von 3,5 Liter pro Kopf auf 18 Liter – überdauerte nur drei Jahre, in denen Tausende an schwarzgebranntem Giftzeug starben.

Maßnahmen gegen Staatsmonopol und Kommandowirtschaft zeigten nur unbefriedigende Erfolge. Nachdem 1987 die Staatsbetriebe per Gesetz größere Befugnisse über ihre Produktion und Erlöse erhielten, wurden sie von der Planbürokratie derart mit Staatsaufträgen zugedeckt, daß von den neuen Spielräumen kaum etwas übrigblieb. Die Warenknappheit in fast allen Bereichen wurde nur schlimmer; Inflation verschärfte die Nöte der Verbraucher. Private Kooperativen, unter dem Gesetz über „individuelle Arbeitstätigkeit“ seit dem 1. Mai 1987 zulässig, brachten statt Wettbewerbsgeist und Konsumbereicherung vor allem öffentliche Empörung über Geldschneiderei und Gangstertum. Die Aufgabe des staatlichen Außenhandelsmonopols am 1. Januar 1987 ermöglichte zwar über 1000 Kooperationsverträge mit westlichen Firmen, doch kaum hundert davon funktionierten Anfang 1990. Die riesigen Menschenschlangen, die sich seit der Eröffnung im Januar 1990 vor dem McDonald's-Schnellrestaurant am Moskauer Puschkin-Platz bildeten, zeigten nur, wie ungeheuer groß die Kluft zwischen Angebot und Nachfrage geblieben war. Auch nach fünf Jahren Perestrojka lebte noch ein Viertel der Sowjetbürger nach offiziellen Maßstäben in Armut. Jede Andeutung über einen Abbau von Subventionen für Lebensmittel und Wohnraum, eine radikale Preisreform gar, führte da gleich zur Panik. „Wir haben die Talsohle erreicht“, konstatierte Ökonom Nikolaj Schmeljow 1990.

Katastrophen warfen Gorbatschow immer wieder zurück. Umweltschäden im ganzen Land, verpestete Luft, vergiftete Flüsse, schrumpfende Seen – jeder fünfte lebte, so der Biologe Alexej Jablokow, in einer „ökologischen Gefahrenzone“. Ein Erdbeben in Armenien im Dezember 1988 kostete 25 000 Menschenleben und Milliardenverluste. Kein Schrecken aber übertraf den Super-GAU von Tschernobyl. Um 1.23 Uhr am 26. April 1986 explodierte im Lenin-Kernkraftwerk nördlich von Kiew der vierte Reaktorblock infolge unverantwortlicher Bedienungsfehler. Obwohl todesmutige Feuerwehrleute und Soldaten den Nuklearbrand tagelang bekämpften, breitete sich radioaktive Strahlung über weite Gebiete der Ukraine und Weißrußlands aus bis hin nach Westeuropa. Zwei Tage lang verschwiegen die Sowjetbehörden trotz Glasnost die Katastrophe, Gorbatschow nahm erst am 14. Mai dazu Stellung und gab den Tod von 9 Menschen und die Evakuierung von 135 000 bekannt. Spätere Zahlen sprachen von 31 Toten. Fünf Milliarden Rubel mußten in den folgenden drei Jahren für Entseuchung und Entschädigung aufgewendet werden, aber den wahren Preis von Tschernobyl enthüllt erst die Zukunft: Über fünf Millionen Menschen waren überhöhter Strahlung ausgesetzt. Zehntausende wurden Jahre zu spät aus verseuchten Gebieten ausgesiedelt.

Bezeichnenderweise tat selbst die Atomkatastrophe am Pripjet-Fluß der Bewunderung für Gorbatschow im Ausland keinen Abbruch. Von Anfang an erschien der Sowjetführer der Welt, viel stärker als seinen skeptischen Landsleuten, als Hoffnungsträger einer besseren Zukunft. Er rechtfertigte diese Erwartungen, denn nirgendwo waren seine Erfolge glänzender als in der Außenpolitik und bei der Abrüstung. Gorbatschow brach mit den jahrzehntealten Stereotypen der Konfrontation, beendete definitiv den Kalten Krieg und leitete eine globale Zeitenwende ein: Nichts blieb so wie zuvor.

Gorbatschows ungleicher Partner auf diesem Weg war Amerikas rechter Präsident Ronald Reagan, für den die Sowjetunion noch 1983 das „Reich des Bösen" verkörperte. Am 19. November 1985 trafen sie zum erstenmal am Ufer des Genfer Sees zusammen. Keiner der beiden gab klein bei, die Gespräche, so Gorbatschow, waren „sehr, sehr scharf". Reagan versuchte den Kreml-Chef davon zu überzeugen, daß sein Plan einer Raketenabwehr im Weltall, SDI genannt, die Welt vor dem Atomtod bewahren könnte. „Wir stimmen einfach nicht überein", entgegnete Gorbatschow. Dennoch fanden sie am flackernden Kamin einen gemeinsamen Nenner: Weitere Gespräche wären „nützlich".

Am 15. Januar 1986 unterbreitete Gorbatschow einen Stufenplan für eine „atomwaffenfreie Welt bis zum Jahre 2000". Mit einer Fülle von Abrüstungsvorschlägen – Halbierung der strategischen Atomwaffen, Abschaffung der Mittelstreckenraketen in Europa, Atomteststopp, Chemiewaffen-Verbot und Reduzierung der konventionellen Streitkräfte – setzte er die Amerikaner unter Zugzwang. Beim nächsten Gipfeltreffen in Reykjavik im Oktober 1986 brachte er Reagan beinahe dazu, einem massiven Kernwaffenabbau zuzustimmen. Im letzten Moment zog der US-Präsident die Notbremse. Zum Abschied, beider Gesichter von Enttäuschung gekennzeichnet, sagte der sowjetische Führer: „Ich glaube nicht, daß Sie wirklich ein Abkommen wollten."

Selbst an diesem Tiefpunkt behielt Gorbatschow die Initiative. Er lief dem Präsidenten, der als „Great Communicator" galt, vor der Weltöffentlichkeit den Rang ab als der Mann, der echte Abrüstung wünschte. Tatsächlich war er viel mehr als Reagan zum Erfolg verdammt, denn seine Reformen hatten nur eine Chance, wenn sich die UdSSR von der ruinösen Bürde des Wettrüstens befreien konnte, das regelmäßig ein Viertel der Staatsausgaben verschlang.

Der Erfolg kam. An Abraham Lincolns Schreibtisch im Weißen Haus unterzeichneten Gorbatschow und Reagan am 8. Dezember 1987 den in Blau und Rot gebundenen INF-Vertrag, mit dem die Vernichtung sämtlicher 2611 atomaren Mittelstreckenraketen beider Staaten besiegelt wurde. Es war das erste Abkommen, das Atomwaffen tatsächlich abschaffte. Am Abend bei einem Bankett sangen Amerikaner und Russen ausgelassen das Lied von den „Moskauer Nächten". Die „Wasserscheide" des nuklearen Zeitalters war erreicht, auch wenn die weiteren Abrüstungsverhandlungen trotz der Gipfel von Moskau und New York 1988 nur langsam vorankamen und unter Reagans zaghaftem Nachfolger George Bush sogar stockten. Die Gefahr eines Atomkrieges zwischen den Supermächten schien gebannt.

Gorbatschow indes beschränkte seine Entspannungspolitik, seine Aufrufe zu einem „Neuen Politischen Denken" in den internationalen Beziehungen nicht auf die USA. Bereits im Oktober 1985 schlug er bei einem Besuch in Frankreich vor, in einem „Gemeinsamen Haus Europa" Zusammenarbeit an die Stelle von Gegnerschaft zu setzen. In Wladiwostok im Juli 1986 entwarf er eine neue Friedensordnung für Asien. Wohin er auch reiste, überall umgaben ihn jubelnde Menschenmassen. Selbst die Tschechen riefen ihm im April 1987 „Drushba" („Freundschaft") zu. Nirgendwo waren die „Gorbi-Gorbi"-Rufe so stürmisch wie im Juni 1989 in Bonn. In Peking überlagerten im Mai 1989 gewaltige Studentendemonstrationen den ersten Besuch eines Sowjetführers seit dreißig Jahren. Sie feierten Gorbatschow, weil er der greisen Führung um Deng Xiaoping sagte, daß Demokratisierung sein muß: „Wir erleben einen sehr ernsten Wendepunkt in der Entwicklung des Weltsozialismus." Doch Deng ließ knapp drei Wochen später die Demokratie-Bewegung vom Tienanmen durch die Volksbefreiungsarmee in einem Blutbad abwürgen.

Widerstände im eigenen Militär löste Gorbatschow, indem er gekonnt dessen größte Blamage ausnutzte. Am 28. Mai 1987 flog der junge Sportpilot Mathias Rust aus Wedel eine Cessna 172 ungehindert von Finnland bis zum Roten Platz. Der Parteichef leitete mit der Entlassung des greisen Verteidigungsministers Sergej Sokolow ein großes Revirement in der Militärführung ein. Nun konnte er auch Breschnews blutigste Hinterlassenschaft abschütteln: das Militärabenteuer in Afghanistan. Am 8. Februar 1988 kündigte Gorbatschow den Abzug aller 120 000 Sowjetsoldaten an; am 15. Februar 1989 überquerten die letzten Panzerwagen den Grenzfluß Amu Darja. 15 000 Sowjets waren im Kampf gegen die Moslem-Rebellen gefallen.

Mit der Heimkehr des sieglosen Heeres begann das „Schicksalsjahr" 1989, in dem die von Stalin am Ende des Zweiten Weltkriegs errichtete Vorherrschaft der Sowjetunion über Osteuropa in einer Kettenreaktion schier unglaublicher Ereignisse zusammenbrach. Schon 1985 hatte Gorbatschow den herrschenden Kommunistischen Parteien der „Satellitenstaaten“ das Recht eingeräumt, ihre Politik „absolut unabhängig, ausgehend von der Lage in ihrem eigenen Land“ zu bestimmen. Die „Breschnew-Doktrin“ von der „beschränkten Souveränität“, Vorwand für die Intervention gegen die Reformer von Prag 1968, wich dem, was Moskaus Regierungssprecher Gennadij Gerassimow pfiffig die „Sinatra-Doktrin“ nannte: „I Do It My Way.“

Den Auftakt machten, „auf eigene Art“, Polen und Ungarn. Polens Staatschef General Wojciech Jaruzelski, der 1981 die unabhängige Gewerkschaft Solidarność mit Kriegsrecht unterdrückt hatte, suchte nun den Ausweg aus der Staatskrise, indem er die Bewegung von Lech Walesa legalisierte und freie Wahlen zuließ. Am 4. Juli triumphierte die „Solidarność“ an den Urnen. Am 24. August übernahm ihr Kandidat Tadeusz Mazowiecki die Regierung. Die Kommunisten, von Gorbatschow gedrängt, begnügten sich mit der Rolle des Juniorpartners. Die ungarischen Kommunisten, längst die reformfreudigsten im Osten, steuerten konsequent auf politischen Pluralismus und freie Wahlen zu. 600 000 Menschen nahmen am 16. Juni 1989 in Budapest an einem Staatsbegräbnis für Imre Nagy teil, der als Führer des Volksaufstands von 1956 hingerichtet worden war und nun, 31 Jahre nach seinem Tod, voll rehabilitiert wurde. Zu Grabe getragen wurde auch die „sozialistische Volksrepublik“.

Als Ungarn im September seine Grenzen nach Österreich öffnete, setzte eine Massenflucht von DDR-Urlaubern in den Westen ein. Unter dem unaufhaltsamen Aderlaß von Flüchtlingen blutete das Regime Erich Honeckers schnell aus. Bei der Vierzig-Jahr-Feier der DDR in Ost-Berlin am 6. Oktober ermahnte Gorbatschow die SED zu Reformen: „Wer zu spät kommt, den bestraft das Leben.“ Die Massen umjubelten ihn wie einen Befreier, doch Honecker ignorierte die Warnungen. Zwölf Tage später wurde der SED-Chef gestürzt. Gewaltige Demonstrationen überfluteten die DDR, eine friedliche Revolution fegte die Staatsmacht beiseite und erzwang die Öffnung der Grenzen. Auf der Berliner Mauer, seit ihrem Bau 1961 Monument der Unterdrückung, führten in der Nacht des 9. November 1989 junge Deutsche aus Ost und West Freudentänze auf. Doch auf beiden Seiten wollten sie mehr als das Ende des Kommunismus – auch das Ende der DDR, die Wiedervereinigung Deutschlands: „Wir sind *ein* Volk!“

Überall purzelten die in vierzig Jahren erstarrten KP-Diktaturen: Nach den Deutschen erhoben sich die Tschechen und Slowaken, die Bulgaren, die Rumänen. Die Sowjetunion mischte sich nirgendwo ein, auch nicht da, wo sie Truppen stationiert hatte, auch nicht in Rumänien, wo der Sturz des Tyrannen Nicolae Ceausescu blutig erkämpft werden mußte, und auch später nicht, als entgegen Moskaus Hoffnungen die zu „Demokratischen Sozialisten“ gewandelten Kommunisten in freien Wahlen untergingen. „Wollt ihr wieder Panzer?“ erwiderte Gorbatschow einheimischen Kritikern, die ihm vorwarfen, er habe Osteuropa „verloren“. Er akzeptierte, daß der Warschauer Pakt zur Bedeutungslosigkeit verblaßte, und nahm das als Chance, die NATO zum gemeinsamen Aufbau eines neuen Sicherheitssystems, einer neuen Ordnung in Europa aufzurufen.

„Er ist ein Mann von schneller Auffassungsgabe“, betonte sein Kritiker Gawriil Popow, „und er korrigiert seine Meinungen stets an der Realität.“ So auch in der „deutschen Frage“. Hatte er noch 1988 die DDR und die Zweistaatlichkeit eisern verteidigt („was in hundert Jahren sein wird, entscheidet die Geschichte“), so fügte er sich im Sommer 1990 ins Unvermeidliche. Im heimatlichen Schelesnowodsk gab er Bundeskanzler Helmut Kohl grünes Licht für die deutsche Einheit und sogar für die NATO-Mitgliedschaft Deutschlands. Als Dank erwartete er großzügige Bonner Hilfe für die UdSSR, die all seinen Appellen zum Trotz sonst kein westliches Land leisten wollte und konnte. Für den Kursschwenk hatte er ein deutsches Wort parat: „Realpolitik“.

Das eigene Land jedoch entglitt immer mehr Gorbatschows Zügeln, und die Erosion war auch hier Folge seiner Politik der „Demokratisierung“. Im November 1988 setzte er Verfassungsänderungen durch, unter denen am 26. März 1989 erstmals in der Geschichte der UdSSR ein Parlament fast frei gewählt wurde. Auch wenn die KPdSU die Wahlen nicht verlieren konnte, fielen doch viele ihrer Spitzenkandidaten durch, und in Moskau siegte Gorbatschows linker Widersacher Boris Jelzin haushoch. Unabhängige Gruppierungen, Kernzellen neuer nichtkommunistischer Parteien, sprossen überall aus dem Boden.

Indes zog Gorbatschow mehr und mehr formelle Macht an sich. Der neue Volkskongreß wählte ihn am 25. Mai 1989 zum Präsidenten der UdSSR. Doch Anfang 1990 drückte er eine noch weiterreichende Präsidialverfassung nach amerikanischem Muster durch, an deren Spitze er sich am 15. März wählen ließ. Zugleich drängte er die Rolle der Partei zurück. Ein Präsidialrat seiner engsten Getreuen ersetzte als Hauptmachtorgan das Politbüro. Wichtige Entscheidungen fielen im Parlament, wo Gorbatschow unermüdlich präsidierte, nicht mehr im ZK.

Als im Winter 1989/90 überall in Osteuropa Parteien-Pluralismus die Alleinherrschaft der Kommunisten ersetzte, geriet auch die KPdSU unter Druck. Vehement wehrte Gorbatschow solchen „Dreck" ab, um dann den taktischen Salto zu schlagen. Nach der größten Protestdemonstration seit 1917, zu der 200 000 Menschen in Moskau zusammenkamen, stimmte das ZK am 7. Februar 1990 dafür, den Verfassungsartikel 6 zu streichen:

> „Die KPdSU ist die führende und leitende Kraft der Sowjetgesellschaft, der Kern ihres politischen Systems sowie aller staatlichen und gesellschaftlichen Organisationen."

Ihr XXVIII. Parteitag im Juli 1990 in Moskau wählte trotz aller Kritik Gorbatschow noch einmal zum Generalsekretär und beendete die politische Karriere seines konservativen Rivalen Jegor Ligatschow. Den Radikalreformern genügte die Perestrojka nicht mehr: Sie forderten volle Trennung von Partei und Staat und die Marktwirtschaft. Ihre führenden Vertreter, allen voran der populäre Jelzin, eben zum Vorsitzenden der größten Teilrepublik, der Russischen Föderation, gewählt, traten aus der KP aus. „Das ist das logische Ende des Prozesses", knurrte Gorbatschow, als Jelzin aus dem Kreml-Palast marschierte.

Nicht nur die Partei brach unter den Stürmen des Wandels auseinander. Der Sowjetunion, die sich einst als „solidarischer Bruderbund" von hundert Völkern pries, drohte Zersplitterung. Was mit blutigen Unruhen gegen russische Vormundschaft im Dezember 1986 in Kasachstan begann, setzte sich in allen Landesteilen fort: Christliche Armenier und islamische Aserbaidschaner kämpften seit 1988 zunehmend blutiger um die Enklave Berg-Karabach; Hunderte starben in Pogromen in Zentralasien; Truppen massakrierten georgische Nationalisten; Ukrainer, Moldawier und Balten agierten für das Selbstbestimmungsrecht. Gorbatschow reagierte unentschlossen und meist zu spät. Seine Warnungen, daß Sezession nur zu „Konflikt und Blutvergießen und Tod" führt, verhallten. Als erste Sowjetrepublik erklärte Litauen am 11. März 1990 seine Unabhängigkeit von Moskau. Estland und Lettland folgten mit weniger definitiven Souveränitätserklärungen. Als sogar Rußland und die Ukraine den Vorrang ihrer Gesetze vor Unionsrecht proklamierten, setzte der Präsident endlich Bemühungen um eine neue Föderationsverfassung in Gang.

Fünf Jahre Perestrojka konnten die Hoffnungen der Sowjetbürger nicht erfüllen. Obwohl zunehmend radikaler, wagte Gorbatschow – noch – nicht den Schritt zu voller Freiheit der Menschen und des Marktes, beides ohne Vorbild in Rußlands Geschichte. So zersetzen Versorgungsnotstände, Streiks und Unruhen immer mehr seine Macht und Glaubwürdigkeit. In Moskau wurde er als „Boltun" (Schwätzer) verschrien. Der Partei, die das Schicksal von Generationen lenkte, warfen Mai-Demonstranten 1990 vor, das Land „siebzig Jahre lang ins Nichts geführt" zu haben. Ihre Heilslehre von Gleichheit und Gerechtigkeit war so diskreditiert, daß selbst der KP-Ideologe Alexander Jakowlew resignierte: „Was ist schon Ideologie?... Meine Güte, wie sehr haben wir das Bewußtsein der Menschen verkrüppelt."

Für den Westen signalisierte der Niedergang der Supermacht Sowjetunion das „Ende des Kommunismus". Der amerikanische Ostexperte Zbigniew Brzezinski schrieb: „Der Kommunismus wird als der außergewöhnlichste politische und intellektuelle Irrweg des 20. Jahrhunderts gewertet werden... Es scheint unglaublich, daß das sowjetische Modell einst als attraktiv und nachahmenswert betrachtet wurde."

Doch Gorbatschow weigert sich, als Konkursverwalter eines Systems in die Geschichte einzugehen. Im Juni 1990 beharrte er in einem Interview: „Ich bin jetzt, so wie ich es immer gewesen bin, ein überzeugter Kommunist. Indem wir das stalinistische System abbauen, ziehen wir uns nicht vom Kommunismus zurück, sondern bewegen uns darauf zu."

Die Revolution des Michail Gorbatschow

Mit der Wahl von Michail Gorbatschow 1985 zum Generalsekretär der KPdSU und bald darauf auch zum Staatschef beginnt in der Sowjetunion die größte politische Umwälzung seit der Oktoberrevolution von 1917. Der neue Mann im Kreml prägt für die großen Veränderungen zwei Schlagworte, die um die Welt gehen – „Glasnost" für eine neue Offenheit und „Perestrojka" für Umgestaltung. Probleme wie die ewigen Versorgungsengpässe oder das Desaster in Afghanistan werden nicht mehr unter den Tisch gekehrt, sondern öffentlich diskutiert. Presse, Rundfunk und Fernsehen überraschen das Sowjetvolk durch eine ungewohnt kritische Berichterstattung. Selbst Parteiblätter geben nun auch oppositionellen Meinungen Raum. Gorbatschow stärkt den Einfluß der Parlamente der Unionsstaaten und leitet einen langsamen Wechsel von der erfolglosen Kommandowirtschaft zur Marktwirtschaft ein. Außenpolitisch überrascht der Mann an der Spitze der Sowjetunion den Westen mit Abrüstungsinitiativen, die zu einem Ende des mörderischen Wettrüstens und einer freundschaftlichen Annäherung zwischen Ost und West führen.

Westliche Moden erobern China

Mitte der achtziger Jahre ändert die Volksrepublik China ihr Gesicht. Das Land der „blauen Ameisen“ mit ihren Einheitsanzügen wird bunt. Unter der Führung von Deng Xiaoping duldet die kommunistische Führung neben der Planwirtschaft auch privatwirtschaftliche Initiativen und verbessert damit die Versorgung des Landes mit Konsumgütern aller Art. Besonders gefragt sind Artikel aus dem westlichen Ausland oder zumindest im westlichen Stil – wie Sonnenbrillen mit Spiegelgläsern. In den Schaufenstern gibt es erstmals hochwertige Konsumgüter wie Drei-Sterne-Kühlschränke zu sehen, während Bekleidungsläden plötzlich mit schicker Mode und sogar Reizwäsche aufwarten. Japanische Firmen überschwemmen den chinesischen Markt zugleich mit Phono-Artikeln, vor allem den bei der Jugend sehr begehrten Radiorecordern.

Lächelnde Gesichter – aber kein Erfolg

Mit großen Hoffnungen, die von Menschen in aller Welt geteilt werden, fliegt Michail Gorbatschow in Begleitung seiner Frau Raissa im Oktober 1986 zu einem Gipfeltreffen mit dem amerikanischen Präsidenten Ronald Reagan in die isländische Hauptstadt Reykjavik. Gorbatschow schlägt Reagan einen radikalen Abbau der Atomwaffen vor und verlangt von den Amerikanern dafür einen Verzicht auf Pläne zum Aufbau einer strategischen Raketenabwehr aus dem Weltraum, das sogenannte SDI-Programm. Doch Reagan ist nicht einmal bereit, das SDI-Projekt durch eine Verlängerung des seit 1972 laufenden Abkommens über die gegenseitige Begrenzung von Atomwaffen wenigstens für zehn Jahre hinauszuschieben. An dieser starren Haltung scheitert der Gipfel.

Krim-Tataren auf dem Roten Platz

Im Juli 1987 kommt es auf dem Roten Platz in Moskau zu Demonstrationen von Krim-Tataren, die Wiedergutmachung stalinistischen Unrechts fordern. Wegen angeblicher Kollaboration mit den Deutschen hatte Stalin die Krim-Tataren während des Zweiten Weltkriegs aus ihrem angestammten Siedlungsgebiet nach Mittelasien deportiert. Nun verlangen sie die Rückkehr in ihre alte Heimat. Staatschef Gromyko verhandelt schließlich mit den Demonstranten, ohne sich jedoch mit ihnen zu einigen. Ein danach gefordertes Gespräch mit Michail Gorbatschow kommt nicht zustande. Die Demonstrationen der Krim-Tataren sind der Beginn einer krisenhaften Entwicklung von Nationalitäten-Problemen im Vielvölkerstaat Sowjetunion.

Die atomare Katastrophe von Tschernobyl

Am 26. April 1986 wird durch Bedienungsfehler im sowjetischen Atomkraftwerk von Tschernobyl, nur 130 Kilometer von der Großstadt Kiew entfernt, eine atomare Katastrophe ausgelöst. Im Block 4 des Reaktors kommt es zu einer plötzlichen Überhitzung bei gleichzeitigem Versagen des Kühlwassersystems. Feuer bricht aus, und der Reaktorkern beginnt zu schmelzen. Eine Wasserstoffexplosion läßt das Dach in die Luft fliegen. In mehreren Schüben werden große Mengen Radioaktivität freigesetzt – mit verheerenden Folgen. 31 Männer, vor allem Feuerwehrleute, sterben innerhalb kurzer Zeit an Strahlenschäden. Zahlreiche weitere haben schwerste Verbrennungen, die über kurz oder lang ebenfalls zum Strahlentod führen. Riesige Gebiete in der Sowjetunion werden radioaktiv verseucht, und auch in Nord- und Südeuropa steigt die Radioaktivität gefährlich an. Tausenden von Kindern droht wegen der hohen Strahlenbelastung Schilddrüsenkrebs. Experten rechnen mit bis zu 100 000 Krebstoten als Langzeitfolge der Katastrophe.

Die neue Blüte der Religion

Russisch-orthodoxer Gottesdienst in der Dorfkirche von Belaya im Gebiet von Pskow. Obwohl in der Sowjetunion lange Zeit und ganz besonders unter Stalin der Atheismus als Staatsdoktrin galt und viele Gotteshäuser verfielen oder zweckentfremdet wurden, ließen sich große Teile der sowjetischen Bevölkerung ihren christlichen Glauben nicht nehmen. Ende der achtziger Jahre kommt es vielerorts zu einer religiösen Renaissance. Verfallene Kirchen werden wieder hergerichtet, Kinder getauft, Hochzeitspaare kirchlich eingesegnet und Tote wieder christlich bestattet.

Die Balten fordern ihre Freiheit zurück

Auf Massendemonstrationen fordern die Einwohner der baltischen Sowjetrepubliken Litauen, Lettland und Estland 1988 von der Sowjetführung ihre Unabhängigkeit zurück, die sie durch den Hitler-Stalin-Pakt von 1939 verloren hatten. Bei den Demonstrationen geht es betont friedfertig zu. Auf dem Wilnaer Gedemino-Platz werden Blumen geschwenkt und alte litauische Lieder gesungen. Redner fordern ein Ende der „Zwangsrussifizierung" des Landes, die Rückkehr zum Litauischen als Amtssprache und die Anerkennung der alten Nationalflagge. Ähnlich sind im September die Forderungen von Demonstranten in Estland, die auf Transparenten auch gegen ein sowjetisches Erzübel Front machen: die Bürokratie. 1990 erklärt sich Litauen als erster baltischer Staat für unabhängig, gerät damit jedoch in Konflikt mit Gorbatschow, der die baltischen Republiken über einen Unions-Vertrag weiter an Moskau binden will.

BÜROKRAADID!
ANDKE ALLA!

Das Blutbad von Peking

Mit einem Blutbad endet am 4. Juni 1989 eine friedliche Demonstration chinesischer Studenten auf dem Platz des Himmlischen Friedens in Peking. Tausende junge Leute hatten den Platz vom 13. Mai an besetzt, um mit Sitzblockaden und Hungerstreiks für Pressefreiheit und mehr Demokratie zu demonstrieren. Über eine Million Chinesen bekundete den Studenten bei einem Massenumzug durch Peking ihre Sympathie. Am 4. Juni befiehlt die Regierung die Räumung des Platzes, auf dem noch immer Tausende campieren. Unter Einsatz von Panzern und durch Schüsse in die Menge setzt sich die Armee gegen die Studenten durch. Es gibt mehrere hundert T und Verletzte. Die gierung in Peking liert durch das bru Vorgehen gegen d Demokratiebewe weltweit an Anseh

Auch in Baku wird protestiert

Mehrere hunderttausend Menschen beteiligen sich im September 1989 in der aserbaidschanischen Hauptstadt Baku an einer Massenkundgebung. Die Menge, in der Nationalfahnen geschwenkt werden, fordert die Befreiung der Republik von der „Moskauer Diktatur". Größere Unruhen im Lande waren im Sommer durch Bestrebungen ausgelöst worden, die autonome Region Berg-Karabach Armenien anzugliedern. Es kommt zu bürgerkriegsähnlichen Ausschreitungen zwischen Aserbaidschanern und Armeniern. Auch in mehreren anderen Sowjetrepubliken führt die sc[…] dende Macht de[…] Moskauer Zent[…] regierung zu na[…] nalistischen Ku[…] gebungen.

In Georgien brechen Unruhen aus

Die zu Georgien gehörende Autonome Sowjetrepublik Abchasien und die georgische Hauptstadt Tiflis sind im April 1989 Schauplätze von Unruhen, bei denen es zu blutigen Zusammenstößen zwischen Nationalisten und einer Sondertruppe des Innenministeriums kommt. Über Suchumi am Schwarzen Meer, wo bei den Auseinandersetzungen die „Mittelschule Nr. 1“ (Foto) verwüstet wurde, wird der Ausnahmezustand verhängt. In Tiflis liefern sich Nationalisten mit Sicherheitskräften Straßenschlachten. Nach offiziellen Angaben kommen dabei 20 Menschen ums Leben, nach Beobachtung von Bürgerrechtlern sogar weit über hundert. Am 9. April blockieren Armeepanzer eine der Hauptstraßen von Tiflis, wo Demonstranten das Regierungsgebäude belagert hatten.

Ein Katholik an der Spitze Polens

Am 24. August 1989 wird in der Abgeordnetenkammer des polnischen Parlaments der katholische Publizist Tadeusz Mazowiecki zum Ministerpräsidenten gewählt. Auch die meisten Kommunisten im Plenum stimmen für den Kandidaten des Bürgerkomitees der „Solidarność". Mazowiecki ist der erste nichtkommunistische Ministerpräsident an der Spitze eines Landes des Warschauer Paktes. Um die schlechte Versorgungslage im Lande zu verbessern, steuert Mazowiecki die Umstellung von Planwirtschaft auf Marktwirtschaft an. Das löst zwar eine Preisinflation aus, bringt aber plötzlich auch wieder das begehrte Fleisch unter die Leute – wenn auch wie a dem Warschaue chenmarkt nicht mer unter einwa freien hygienisch Bedingungen.

Lange Schlangen – wenig Waren

Wie zu Stalins, Chruschtschows und Breschnews Zeiten leidet die Sowjetunion auch unter Gorbatschow unter Versorgungsmängeln. Noch immer gehören lange Schlangen vor den Geschäften – wie hier vor einer Moskauer Konditorei – zum Straßenbild sowjetischer Städte. Fast alles ist fast immer knapp. Im Fleischerladen rechts gibt es kein Fleisch, aber immerhin Wurst und Hüttenkäse. Weil sich die Läden in den fünf Jahren seit seinem Aufstieg an die Spitze der Kremlführung nicht nennenswert gefüllt haben, ist Michail Gorbatschow trotz seiner großen Reformleistungen am Ende des Jahrzehnts bei vielen Sowjetbürgern weniger gut angesehen als im westlichen Ausland.

ЕРСКИИ

Уважаемые

Nun bricht auch die Berliner Mauer

Seit Ost-Berliner in der Nacht vom 9. auf den 10. November 1989 die Öffnung der Grenzübergänge ohne jede Kontrolle nach West-Berlin erzwungen haben, bricht die berüchtigte Mauer Stück um Stück. Tatenlos sehen DDR-Soldaten zu, wie Demonstranten in der Nähe des Reichstagsgebäudes gleich ein ganzes Mauersegment umlegen. Die Entwicklung ist nicht mehr aufzuhalten. Überall in Berlin werden neue Grenzübergänge geöffnet. Die geteilte Stadt wächst wieder zusammen. Am 22. Dezember werden auch links und rechts vom Brandenburger Tor zwei offizielle Grenzdurchgänge eingerichtet. Bei einer Eröffnungsfeier auf dem Pariser Platz sprechen DDR-Ministerpräsident Hans Modrow, Bundeskanzler Helmut Kohl, der West-Berliner Regierende Bürgermeister Walter Momper und sein damaliger Ost-Berliner Kollege Erhard Krack. Der Weg zur Einheit Deutschlands ist beschritten.

Die Rumänen stürzen ihren Diktator

In der rumänischen Hauptstadt Bukarest tobt am 22. und 23. Dezember 1989 eine Straßenschlacht, bei der Zivilisten und Angehörige der Armee gemeinsam gegen die gefürchtete Geheimpolizei „Securitate" vorgehen. Wenige Tage zuvor hatte sich in der Stadt Temesvar erster Widerstand gegen das selbstherrliche Regime des Stalinisten Nicolae Ceauşescu geregt, der das Land 24 Jahre lang despotisch regiert und Reformen kategorisch abgelehnt hat. Als die Geheimpolizei auf den Widerstand mit Massenverhaftungen, Folterungen und einem Massaker an der Zivilbevölkerung reagierte, kam es überall im Land zum bewaffneten Aufruhr. Jetzt stürmen in Bukarest Soldaten und Zivilisten gemeinsam des Gebäude des Zentralkomitees der kommunistischen Partei. Bald gelingt es den Aufständischen auch, den Fernsehsender Bukarest in ihre Hand zu bekommen und für die Zwecke der Revolution zu nutzen. Nicolae Ceauşescu und seine Frau Elena werden von der Armee festgenommen, von einem Militärgericht zum Tode verurteilt und sofort hingerichtet.

20 000 gegen die KPdSU

Wenigstens 20 000 Menschen nehmen am 15. Juli 1990 in Moskau an der größten antikommunistischen Demonstration teil, die es jemals in der Sowjetunion gegeben hat. Die Menge fordert vor dem Kreml in Sprechchören radikale demokratische Reformen. Auf großen Transparenten steht die Forderung: „KPdSU auf den Müllhaufen der Geschichte!" Andere Demonstranten tragen Spruchbänder, die den Radikalreformer Boris Jelzin hochleben lassen, den Präsidenten der Republik Rußland, der gerade auf dem Parteitag der KPdSU seinen Austritt aus der Partei erklärt hat. Einige Aufschriften auf Transparenten wie „Jelzin – ja, Poloskow – nein!" richten sich gegen den neugewählten russischen KPdSU-Chef Poloskow, der als konservativer Kommunist gilt, der zu Reformen nicht fähig ist. Mehrere Sowjetrepubliken erklären im Laufe des Sommers ihre Unabhängigkeit von der Zentralregierung in Moskau – unter anderem die Ukraine und Weißrußland.

Aus Gegnern werden Freunde

Unter dem Lenindenkmal von Stawropol im Kaukasus stehen am 16. Juli 1990 zwei Männer, die lange Zeit Welten zu trennen schienen — Sowjetpräsident Michail Gorbatschow und der deutsche Bundeskanzler Helmut Kohl. Das Treffen beider Staatsmänner in diesem Hochsommer wird in die Geschichtsbücher eingehen. Derselbe Michail Gorbatschow, der in der Sowjetunion einen alle Bereiche des Lebens umfassenden Demokratisierungsprozeß eingeleitet hat, dem bei Abrüstungsverhandlungen mit dem Westen der entscheidende Durchbruch zum Abbau von Massenvernichtungswaffen gelungen ist und der damit den Kalten Krieg zwischen Ost und West beendete, derselbe Michail Gorbatschow hat nun auch einer Vereinigung der beiden 45 Jahre zuvor getrennten deutschen Staaten zugestimmt. Er billigt dem künftigen Gesamtdeutschland volle Souveränität zu und damit auch das Recht der NATO-Zugehörigkeit. Die Siegermacht des Zweiten Weltkriegs nimmt keine Siegerrechte mehr in Anspruch, sie will nur noch Freund sein.

Die Chronik der Ereignisse

Die Datierung dieser Chronik (und aller anderen Texte in diesem Buch) entspricht dem neuen Stil (n. St.), d. h. dem Gregorianischen Kalender, der im 16. und 17. Jahrhundert in Europa eingeführt wurde. Rußland rechnete noch bis 1918 nach dem alten Stil (a. St.), dem Julianischen Kalender.

24. Februar 1848
Karl Marx und Friedrich Engels veröffentlichen die Programmschrift für den Londoner „Bund der Kommunisten", das „Kommunistische Manifest". Es ruft die Arbeiter zum internationalen revolutionären Zusammenschluß auf: „Proletarier aller Länder, vereinigt euch!"

23. Mai 1863
In Leipzig wird der „Allgemeine Deutsche Arbeiterverein" mit Ferdinand Lassalle als Präsident gegründet, ein Vorläufer der späteren Sozialdemokraten. Lassalle ist im Gegensatz zu Karl Marx bereit, den Staat anzuerkennen, fordert aber die Beteiligung der Arbeiter am Produktionsvermögen und ein allgemeines und gleiches Wahlrecht.

20. Mai 1887
Alexander Uljanow, älterer Bruder von Lenin, wird zusammen mit einem Gesinnungsgenossen wegen eines geplanten Attentats auf den russischen Zaren Alexander III. hingerichtet.

November 1895
In Petersburg wird der „Kampfbund zur Befreiung der Arbeiterklasse" gegründet. Daraufhin wird Lenin mit weiteren Gründern der Organisation verhaftet und später nach Sibirien verbannt.

13. bis 15. März 1898
In Minsk gründet sich die „Sozialdemokratische Arbeiterpartei Rußlands". Die neun Delegierten von lokalen Organisationen bilden auf ihrem Ersten Parteitag ein Zentralkomitee. In den folgenden Tagen werden fast alle Delegierten verhaftet.

Ende März 1899
In Petersburg erscheint Lenins Buch „Die Entwicklung des Kapitalismus in Rußland", in dem er die Wirksamkeit der von Marx aufgestellten kapitalistischen Entwicklungsgesetze auch in Rußland nachzuweisen versucht.

28. Juli 1900
Lenin, aus der Verbannung entlassen, geht in die westliche Emigration. Er gehört zu den Gründern der Zeitung „Iskra", des im Ausland erscheinenden Parteiorgans der Sozialdemokratischen Arbeiterpartei Rußlands.

Mitte März 1902
Im Stuttgarter Dietz-Verlag erscheint Lenins Schrift „Was tun? Brennende Fragen unserer Bewegung", in der er seine Auffassung von einer zentralistisch gelenkten Kaderpartei entwickelt.

30. Juli bis 23. August 1903
II. Parteitag der Sozialdemokratischen Arbeiterpartei Rußlands im Brüsseler und Londoner Exil. Spaltung in Menschewiken, die eine demokratische Massenpartei aufbauen wollen, und Bolschewiken (um Lenin), die für russische Verhältnisse eine zentralistische Kaderpartei für sinnvoller halten. Der Bruch wird 1912 endgültig.

1904 bis 1905
Russisch-japanischer Krieg, der mit einer Niederlage Rußlands endet. Das zaristische System gerät in die Krise.

22. Januar 1905
In Petersburg, der Hauptstadt Rußlands, wird eine Massendemonstration von Arbeitern unter Führung des Priesters Gapon von der Armee zusammengeschossen („Blutiger Sonntag"). Darauf Streiks, Kundgebungen und Attentate im ganzen Land.

26. Oktober 1905
Ausgelöst durch einen Generalstreik in Petersburg bilden streikende Arbeiter zusammen mit Bolschewiken, Menschewiken, Sozialrevolutionären und Parteilosen den ersten Sowjet (Arbeiterrat).

30. Oktober 1905
Zar Nikolaus II. gesteht das allgemeine Wahlrecht zu. Gesetze sollen künftig der Zustimmung des Parlaments, der „Duma", bedürfen („Oktobermanifest").

1. August 1914
Rußland greift in den Ersten Weltkrieg ein. Militärische Niederlagen und der Rückgang der Produktion ruinieren das zaristische Herrschaftssystem vollends.
Die Hauptstadt Petersburg wird in Petrograd umbenannt.

12. März 1917
(Nach a. St.: 27. Februar) Februar-Revolution: Die Petrograder Truppen verbünden sich mit den aufständischen Arbeitern. Arbeiter- und Soldatensowjets sowie ein provisorisches Exekutivkomitee der Duma werden gebildet.

15. März 1917
Bürgerliche „Provisorische Regierung" des Fürsten G. J. Lwow. Die Arbeiter- und Soldatenräte (Sowjets) lehnen eine Beteiligung ab. Es kommt zur Doppelherrschaft von Sowjets und Provisorischer Regierung. Zar Nikolaus II. wird zur Abdankung gezwungen, die Zarenfamilie in Zarskoje Selo interniert.

16. April 1917
Lenin ist mit deutscher Unterstützung aus seinem Schweizer Exil nach Petrograd zurückgekehrt. Er fordert die Bekämpfung der Provisorischen Regierung und die Machtübernahme durch die Sowjets.

September 1917
Die Bolschewiken erringen im Petrograder und Moskauer Sowjet die Mehrheit. Im Oktober erreicht Lenin im Zentralkomitee den Beschluß zur Machtergreifung durch bewaffneten Aufstand.
7. November 1917
(Nach a. St.: 25. Oktober) Oktoberrevolution: Den Bolschewiken ergebene Truppen und Rote Garden besetzen alle wichtigen Punkte in Petrograd und stürmen das Winterpalais. Das militärrevolutionäre Komitee übernimmt die Staatsgewalt. Die Mitglieder der Provisorischen Regierung werden verhaftet.
8. November 1917
Eine provisorische Arbeiter- und Bauernregierung wird gebildet, der „Rat der Volkskommissare". Den Vorsitz übernimmt Lenin, Trotzki zunächst das Kommissariat für Äußeres, später das für Verteidigung, Stalin das für Nationalitätenfragen.
7. Dezember 1917
Lenin richtet eine „außerordentliche Kommission zur Unterdrückung der Gegenrevolution" ein, die kommunistische Staats- und Geheimpolizei „Tscheka".
19. Januar 1918
Auf Befehl Lenins wird die verfassunggebende Versammlung, die sich weigert, die „Sowjetmacht" anzuerkennen, aufgelöst.
3. März 1918
Frieden von Brest-Litowsk: Deutschland zwingt Rußland zum Verzicht auf Polen, Litauen, Kurland, Estland und Livland. Finnland und die Ukraine sollen selbständige Staaten werden.
6. bis 8. März 1918
Erster Parteitag nach der siegreichen Revolution. Die „Sozialdemokratische Arbeiterpartei Rußlands (Bolschewiken)" beschließt ihre Umbenennung in „Kommunistische Partei Rußlands (Bolschewiken)" – KPR(B).
März 1918
Landung britischer Truppen in Murmansk, Beginn der Intervention der Alliierten im nun folgenden Bürgerkrieg. In den nächsten zwei Jahren kämpfen zeitweilig Expeditionscorps aus 17 Staaten auf seiten der gegenrevolutionären „Weißen" gegen die „Roten". Während des „Kriegskommunismus" 1918 bis 1921 sinkt die russische Industrieproduktion auf ein Siebtel des Vorkriegsstandes.
15. März 1918
Der Regierungssitz wird von Petrograd nach Moskau in den Kreml verlegt.
14. Juni 1918
Die gemäßigten Sozialrevolutionäre und die Menschewiken werden wegen „konterrevolutionärer Tätigkeit" aus den Sowjets ausgeschlossen. Die Bolschewiken regieren allein.
10. Juli 1918
Konstituierung der Russischen Sozialistischen Föderativen Sowjetrepublik. Das Rätesystem und der Grundsatz der Diktatur des Proletariats werden in der provisorischen Verfassung verankert.
16. Juli 1918
Zar Nikolaus II. und seine Familie werden von Bolschewiken erschossen.
30. August 1918
Lenin wird bei einem Revolverattentat schwer verwundet. Als Antwort folgt eine „rote" Terror-Welle: Als „Weißgardisten" und „Konterrevolutionäre" Verdächtigte werden erschossen.
15. Januar 1919
In Berlin werden Rosa Luxemburg und Karl Liebknecht ermordet. Sie hatten sich von den Sozialdemokraten getrennt, die ihrer Meinung nach im Ersten Weltkrieg zu „vaterländisch" waren, und 1916 den „Spartakusbund" gegründet, der die russische Oktoberrevolution begrüßte. Im Dezember 1918 hatten sie den Spartakusbund in die Kommunistische Partei Deutschlands umgewandelt.
2. bis 6. März 1919
Gründungskongreß der Kommunistischen Internationale (Komintern) im Moskauer Kreml. Vertreter aus 30 Ländern nehmen teil.
19. Juli bis 7. August 1920
Auf dem Zweiten Kongreß der Komintern in Petrograd und Moskau – 37 Länder sind vertreten – verpflichtet Lenin die kommunistischen Parteien auf das sowjetrussische Vorbild.
28. Februar bis 18. März 1921
Kronstädter Aufstand: Streiks in Petrograd greifen auf die vorgelagerte Seefestung Kronstadt über, 16 000 Matrosen der Kriegsmarine erheben sich gegen die Herrschaft der Bolschewiken. Lenin ordnet den Angriff auf Kronstadt an, Artillerie wird über das Eis des Finnischen Meerbusens herangeführt, der Aufstand blutig zusammengeschlagen.
8. bis 16. März 1921
X. Parteitag der KPR (B): Die Phase des „Kriegskommunismus" wird beendet, die „Neue Ökonomische Politik" (NEP) eingeleitet. Bauern wird gestattet, ihre Überschüsse in der Stadt zu verkaufen, die Versorgungskrise wird dadurch gemildert, und die Bolschewiken können so ihre Macht festigen. Lenin setzt auf dem Kongreß das Fraktionsverbot durch. Die Gewerkschaften werden zu Schulen des Kommunismus erklärt.
23. Juli 1921
In Schanghai gründet sich die „Kommunistische Partei Chinas". Zwölf Delegierte vertreten die rund 50 Mitglieder. Zu den Gründern gehört der Bauernsohn Mao Tse-tung.
3. April 1922
Das Plenum des ZK der russischen Kommunisten wählt Josef Stalin zum Ersten Sekretär.
30. Dezember 1922
Staatsvertrag der Ukrainischen, Weißrussischen und Transkaukasischen Sowjetrepublik mit der Russischen Föderativen Sowjetrepublik zur Union der Sozialistischen Sowjet-Republiken (UdSSR).
23. Dezember 1922 bis 4. Januar 1923
Der schwerkranke Lenin diktiert sein politisches Vermächtnis an die Parteiführung, sein „Testament". In einem späteren Postskriptum empfiehlt er die Entfernung Stalins aus seiner führenden Position. Ein dritter Schlaganfall am 9. März 1923 lähmt ihn beidseitig und nimmt ihm die Sprache.
26. März 1923
Todesurteile gegen hohe katholische Geistliche wegen ihrer Weigerung, Kirchengut herauszugeben. Die Urteile lösen Proteste in der Bevölkerung aus und werden später in Gefängnisstrafen umgewandelt.
21. Januar 1924
Tod Lenins. Die Macht teilen sich jetzt Sinowjew, Kamenew und Stalin.
26. Januar 1924
Petrograd wird in Leningrad umbenannt.
Februar 1924
Großbritannien erkennt die Sowjetregierung diplomatisch an, eine Reihe weiterer Staaten folgen. 1933 wird sie auch von den USA anerkannt.
26. November 1924
Gründung der Mongolischen Volksrepublik, des ersten „Satelliten" der UdSSR.
Januar 1925
Trotzki wird auf Druck Stalins als Kriegskommissar abgesetzt mit der Begründung, er habe mit seinen Diskussionen mehrfach versucht, die Partei zu spalten.

30. Mai 1925
Britische Polizisten eröffnen in Schanghai das Feuer auf Tausende friedlich gegen die unmenschlichen Bedingungen der Arbeiter Demonstrierende. Gegen das Massaker protestieren Kaufleute, Studenten und Arbeiter, eine halbe Million Menschen beteiligen sich an Kundgebungen. Die Kommunistische Partei wächst auf 20 000 Mitglieder an.
18. bis 31. Dezember 1925
XIV. Parteitag in Moskau: Die Partei beschließt ein neues Statut und nennt sich künftig „Kommunistische Partei der Sowjetunion, Bolschewiken" KPdSU (B). Stalin setzt seine These vom „Sozialismus in einem Lande" durch. Der Mitgliederbestand wird mit 1 078 185 angegeben.
Sommer 1926
Seit 1925 sind Sinowjew und Kamenew Sprecher einer neuen Opposition und verbinden sich jetzt mit den Anhängern Trotzkis.
12. April 1927
Tschiang Kai-schek, Chef der China regierenden Kuomintang, bricht mit seinen russischen Beratern und liquidiert in Schanghai die kommunistische Arbeiterbewegung. Tausende werden erschossen, die mächtiger gewordene Kommunistische Partei wird fast vollständig vernichtet. Ihre restlichen Mitglieder formieren sich im Untergrund neu und setzen jetzt auf das revolutionäre Potential der Bauern.
2. bis 19. Dezember 1927
Auf dem XV. Parteitag kann sich die Linksopposition nicht durchsetzen. Trotzki, Sinowjew, Kamenew und weitere Oppositionelle werden aus der Partei ausgeschlossen, Trotzki nach Alma Ata verbannt.
20. Januar 1929
Trotzki wird aus der UdSSR ausgewiesen. Am 20. August 1940 wird er in seinem Exil in Mexiko durch einen mutmaßlichen Agenten des sowjetischen Geheimdienstes ermordet.
16. bis 23. April 1929
Das Plenum des ZK beschließt Maßnahmen gegen die „rechte" Opposition und eine allgemeine Säuberung unter den Parteimitgliedern.
23. bis 29. April 1929
Eine Parteikonferenz billigt den ersten Fünfjahresplan, der die Kollektivierung der Landwirtschaft und eine verstärkte Industrialisierung vorsieht.
21. Dezember 1929
Stalins 50. Geburtstag. Er läßt sich als Alleinherrscher feiern, Beginn des Personenkults.
3. Februar 1930
Der Vietnamese Ho Tschi-minh gründet in Hongkong die Kommunistische Partei Indochinas, die ihren Sitz zunächst in Haiphong, dann in Saigon hat.
Winter 1932/1933
Die Planzahlen in der Landwirtschaft werden nicht erfüllt, Hungersnot in weiten Teilen Rußlands.
27. Februar 1933
Die deutschen Nationalsozialisten unterstellen der auf 100 Reichstagsmandate angewachsenen Kommunistischen Partei Deutschlands, den Reichstag in Brand gesteckt zu haben. Die Kommunistische Partei wird aufgelöst, ihr Vorsitzender Ernst Thälmann, Funktionäre und Anhänger werden verhaftet und in Konzentrationslagern umgebracht.
18. September 1934
Aufnahme der UdSSR in den Völkerbund.
1. Dezember 1934
In Leningrad wird der Parteisekretär Sergej M. Kirow ermordet. Das Attentat löst Terror im ganzen Land aus. Am 16. Dezember läßt Stalin Sinowjew und Kamenew als „trotzkistische Oppositionelle" verhaften.
15. bis 17. Januar 1935
In einem „Hochverratsprozeß" werden Sinowjew zu zehn und Kamenew zu fünf Jahren Gefängnis verurteilt. 76 Anhänger Sinowjews werden nach Sibirien verbannt.
25. Juli bis 20. August 1935
Siebter Kongreß der Komintern in Moskau. Beschlossen wird ein gemeinsamer Kampf mit bürgerlichen Linken, Sozialdemokraten und Kommunisten aus den westlichen Demokratien gegen das bedrohlicher werdende nationalsozialistische Deutschland (Volksfrontpolitik).
30./31. August 1935
Der Hauer Alexej G. Stachanow baut in einer Kohlengrube in einer Schicht 102 Tonnen Kohle ab und übertrifft damit die Norm um das Vierzehnfache. Beginn der „Stachanow-Kampagne", die die individuelle Leistungssteigerung zur Planerfüllung propagiert.
Oktober 1935
In China gelingt es Mao Tse-tung mit dem im Oktober 1934 begonnenen „Langen Marsch", seine von der Vernichtung bedrohten kommunistischen Truppen an den äußersten Nordwest-Rand Chinas zu retten.
18. Juli 1936
Beginn des Spanischen Bürgerkriegs. Die Faschisten unter General Franco erheben sich gegen die republikanische Regierung, die durch „Internationale Brigaden" aus Sozialisten und Kommunisten sowie sowjetische Waffenlieferungen unterstützt wird. Mit deutscher Hilfe besetzen die Faschisten am 28. März 1939 Madrid. Der „Caudillo" Franco herrscht über das Land bis zu seinem Tod im November 1975.
19. bis 24. August 1936
Erster Moskauer Schauprozeß gegen das „terroristische trotzkistisch-sinowjewistische Zentrum". Sinowjew und Kamenew werden hingerichtet.
25. November bis 5. Dezember 1936
Der Sowjetkongreß nimmt die neue „demokratische" Verfassung der UdSSR an („Stalin-Verfassung"). Die Führungsrolle der KPdSU wird festgeschrieben.
23. bis 30. Januar 1937
Zweiter Moskauer Schauprozeß gegen Mitglieder des „sowjetfeindlichen trotzkistischen Zentrums" („Prozeß der 17"). Dreizehn der 17 Angeklagten werden zum Tode verurteilt.
11. Juni 1937
Verhaftung führender Militärs, u. a. des Marschalls Tuchatschewski, der zusammen mit Trotzki die Rote Armee aufgebaut hatte. Er und weitere hohe Militärs werden in einem Geheimprozeß zum Tode verurteilt und sofort hingerichtet. Es folgt eine Säuberungswelle innerhalb der Roten Armee und der Flotte.
2. bis 13. März 1938
Dritter Moskauer Schauprozeß („Prozeß der 21"): 18 der 21 Angeklagten – darunter Bucharin, Rykow und andere „innere Feinde" auf führenden Parteipositionen – werden hingerichtet.
10. bis 21. März 1939
XVIII. Parteitag. Stalin propagiert das „Einholen und Überholen" der höchstentwickelten kapitalistischen Länder und kündigt den Übergang zur klassenlosen, sozialistischen Gesellschaft an. Das Weiterbestehen des Terrorapparats wird mit der kapitalistischen Einkreisung der UdSSR begründet.
23. August 1939
Die Außenminister Molotow (UdSSR) und von Ribbentrop (Deutsches Reich) unterzeichnen in Moskau den deutsch-sowjetischen Nichtangriffspakt und ein Geheimabkommen, das die gegenseitigen Interessensphären in Ostmitteleuropa abgrenzt („Hitler-Stalin-Pakt").

22. Juni 1941
Deutscher Überfall auf die Sowjetunion. Ohne vorherige Kriegserklärung greift die Wehrmacht mit 136 Divisionen und drei Luftflotten an (Hitlers Operation „Barbarossa"). Italien, Rumänien, Ungarn, die Slowakei und Finnland beteiligen sich am Krieg gegen die Sowjetunion, Großbritannien schließt ein Bündnis mit Moskau.
3. Juli 1941
Stalin, der den Oberbefehl über die sowjetische Streitmacht übernimmt, proklamiert den „Großen Vaterländischen Krieg".
30. September 1941 bis 20. April 1942
Schlacht um Moskau. Der deutsche Angriff bleibt wegen des Wintereinbruchs vor der sowjetischen Hauptstadt stecken.
19.August 1942 bis 2. Februar 1943
Kampf um Stalingrad. Die Deutschen unter General Paulus müssen kapitulieren.
4. bis 11. Februar 1945
Konferenz von Jalta: Stalin, Roosevelt und Churchill beschließen eine Koordinierung der weiteren militärischen Operationen und die Aufteilung Deutschlands in Besatzungszonen.
8. Mai 1945
Deutsche Kapitulation.
12. Mai 1945
In einem Telegramm an Truman prägt Churchill erstmals das Wort vom „Eisernen Vorhang".
28. Juni 1945
Stalin, der Sieger im Krieg gegen die Deutschen, wird zum „Generalissimus" ernannt.
17. Juli bis 2. August 1945
Potsdamer Konferenz. Die Siegermächte einigen sich auf die politischen und wirtschaftlichen Grundsätze der Besatzungspolitik in Deutschland. Ostpreußen und Teile Polens entlang der „Curzon-Linie" gehen an die UdSSR.
29. November 1945
Josip Tito, Mitbegründer der Kommunistischen Partei Jugoslawiens und erfolgreicher Partisanenkämpfer gegen die deutschen Besatzer, bildet als Ministerpräsident die Föderative Volksrepublik Jugoslawien. Er erreicht frühzeitig den Abzug der sowjetischen Truppen.
2. September 1945
Japan kapituliert in Vietnam. Ho Tschi-minh, der mit einer breiten Bewegung für die Unabhängigkeit Vietnams – den Vietminh – gegen die japanischen Besatzer gekämpft hatte, wird Ministerpräsident, 1954 Präsident Nord-Vietnams.
Anfang 1947
Maos „Volksbefreiungsarmee" beginnt mit sowjetischer Hilfe den Kampf um die Macht in China. In den nächsten zwei Jahren gelingt es ihr, das ganze chinesische Festland einzunehmen und Tschiang Kai-schek nach Taiwan zu verdrängen.
22. bis 27. September 1947
Auf Initiative Stalins gründen die kommunistischen Parteien der UdSSR, Ungarns, Rumäniens, Bulgariens, Polens, der Tschechoslowakei, Frankreichs, Italiens sowie Jugoslawiens ein „Informationsbüro der kommunistischen Arbeiterparteien" (Kominform) mit Sitz in Belgrad, nach Ausschluß der jugoslawischen KP 1948 in Bukarest. Chefideologe Andrej Schdanow stellt vor der Kominform die These von den zwei Lagern auf: ein um die USA geschartes imperialistisches und ein antiimperialistisches um die UdSSR. Das kommunistische Lager müsse geschlossen gegen die Politik des kapitalistischen Lagers angehen.
6. April 1948
Freundschafts- und Beistandspakt mit Finnland, dessen Unterwerfung trotz sowjetischen Drucks nicht gelungen war. Moskau erkennt das Recht Finnlands an, außerhalb der Interessensphäre der Großmächte zu bleiben.
26. bis 28. April 1949
Erste Tagung des Rates für Gegenseitige Wirtschaftshilfe (RGW) in Moskau.
1. Oktober 1949
In Peking wird die Volksrepublik China ausgerufen. Die UdSSR erkennt als erster Staat die Volksrepublik China an und schließt im Februar 1950 einen Freundschafts- und Beistandspakt mit Mao Tse-tung.
5. März 1953
Tod Stalins. Kollektive Führung unter Malenkow (Vorsitzender des Ministerrats), Molotow (Außenminister) und Staatspolizeichef Berija (Innenminister).
17. Juni 1953
Sowjetische Truppen schlagen den Volksaufstand in der DDR nieder.
26. Juni 1953
Berija wird des Amtes enthoben. Er wird am 9. Juli verhaftet und nach einem Hochverratsprozeß am 23. Dezember hingerichtet.
27. Juli 1953
Waffenstillstand in Korea. Er kennzeichnet eine Abkehr von der grundsätzlichen sowjetischen Konfrontation mit dem Westen.
8. August 1953
Malenkow verkündet den „Neuen Kurs": Verwaltungs- und Wirtschaftsreform im Sinne einer Dezentralisierung, Prioritäten zugunsten der Konsumgüterproduktion.
13. September 1953
Nikita Chruschtschow wird Erster Sekretär des ZK der KPdSU.
2. März 1954
Das ZK stimmt Chruschtschows Neulandprogramm zu. In Westsibirien, dem Wolgagebiet, in Nordkasachstan und im Nordkaukasus werden riesige Staatsgüter geschaffen.
8. Februar 1955
Malenkow muß als Ministerpräsident zurücktreten, Nachfolger wird Bulganin. Die Entwicklung der Schwerindustrie und der Atomrüstung rückt wieder in den Vordergrund.
17. April 1955
Die Kominform wird wieder aufgelöst.
14. Mai 1955
In Warschau schließen die Staats- und Parteichefs der UdSSR, Albaniens, Bulgariens, Ungarns, der DDR, Polens, Rumäniens und der ČSSR einen „Freundschafts- und Beistandspakt zur Gewährleistung des Friedens und der Sicherheit in Europa" (Warschauer Pakt).
14. bis 25. Februar 1956
In einer Geheimrede während des XX. Parteitags enthüllt Chruschtschow den Delegierten den Umfang der Stalinschen Säuberungen. Er fordert eine Stärkung der Partei. Beginn der ersten Entstalinisierung und einer Kampagne gegen den Personenkult.
22. Juli 1956
Bulganin warnt in Warschau Polen, den eigenen Weg zum Sozialismus zu weit auszulegen und Zugeständnisse an irgendwelche Demokratisierungstendenzen zu machen.
11. November 1956
Ein Volksaufstand in Ungarn wird durch brutalen Einsatz der Roten Armee unterdrückt, die Zahl der Toten geht in die Zehntausende. Im ganzen Land werden Massenverhaftungen angeordnet, der ungarische Ministerpräsident Nagy wird 1958 hingerichtet.
18. Januar 1957
Chinas Ministerpräsident Tschu Enlai weist in Moskau auf die bedeutende Rolle der KPdSU für die kommunistische Welt hin. Gleichzeitig wendet er sich aber gegen den absoluten Führungsanspruch Moskaus und befürwortet mehr Eigenständigkeit der kommunistischen Parteien („Vielfalt in der Einheit").
16. Februar 1957
Andrej Gromyko wird sowjetischer Außenminister.

19. Juni 1957
Das Präsidium des ZK der KPdSU spricht Chruschtschow das Mißtrauen aus. Gestützt auf das Militär kann er seine Gegner politisch kaltstellen. Im Zuge neuer Säuberungen werden Malenkow, Molotow und Kaganowitsch ihrer Posten enthoben. Für sie rücken Breschnew, Schukow und Kossygin nach.
4. Oktober 1957
Erster erfolgreicher Start eines künstlichen Erdsatelliten, des Sputnik. Die UdSSR eröffnet vor den USA das Zeitalter der Raumfahrt.
27. März 1958
Chruschtschow wird auch Ministerpräsident und sichert sich so die Alleinherrschaft über Partei und Staat.
23. Oktober 1958
Dem sowjetischen Schriftsteller Boris Pasternak („Doktor Schiwago") wird der Nobelpreis für Literatur verliehen. Er nimmt die Auszeichnung zunächst an, muß sie aber dann auf politischen Druck zurückgeben.
1. Januar 1959
Fidel Castro, marxistischer Guerillakämpfer gegen Diktator Batista, nimmt die Großstadt Santiago de Cuba ein, Batista flieht. Castro wird am 13. Februar neuer Ministerpräsident, die kubanische Revolution stärkt kommunistische Strömungen in Lateinamerika.
27. Januar bis 5. Februar 1959
Auf dem XXI. Parteitag sagt Chruschtschow den „endgültigen Sieg des Sozialismus" voraus.
15. bis 27. September 1959
Chruschtschow besucht die USA. Er bemüht sich um einen indirekten Interessenausgleich (These der „friedlichen Koexistenz") und schlägt auf der UNO-Vollversammlung in New York die Abschaffung aller Armeen vor.
8. Mai 1960
Leonid Breschnew wird Vorsitzender des Obersten Sowjet.
23. Juni 1960
Die KP Chinas widerspricht Chruschtschows These von der friedlichen Koexistenz und fordert statt dessen eine Politik der Stärke gegenüber dem Kapitalismus.
10. November bis 1. Dezember 1961
Angesichts der ideologischen Auseinandersetzungen mit China beruft Moskau eine Konferenz von 81 kommunistischen Parteien ein, die sich dann auf die Seite der KPdSU stellt.
12. April 1961
Erster bemannter Raumflug mit Jurij Gagarin als Kosmonauten.
13. August 1961
Bau der Mauer in Ost-Berlin, Abriegelung des Ostsektors vom Westen.
17. bis 31. Oktober 1961
Der XXII. Parteitag beschließt ein neues Programm für die materiellen Grundlagen des Kommunismus. Chruschtschow prophezeit, Großbritannien und Frankreich würden bis 1981 in der Pro-Kopf-Produktion „eingeholt und überholt" werden, der Lebensstandard dann den der USA übertreffen. Der Leichnam Stalins wird aus dem Lenin-Mausoleum entfernt, Beginn der zweiten Entstalinisierungswelle.
9. September 1962
Der Charkower Professor Jewsej Libermann veröffentlicht in der Prawda unter der Überschrift „Plan, Gewinn, Prämie" einen wirtschaftlichen Reformplan für die UdSSR. Er fordert Dezentralisierung, größeren Spielraum für Eigenentscheidungen und freie Konkurrenz der Betriebe untereinander. Die Thesen werden von der Parteiführung zurückgewiesen.
22. Oktober 1962
US-Präsident Kennedy, besorgt über den Bau sowjetischer Raketenstellungen auf Kuba, verhängt eine Seeblokkade über die Insel. Beginn der „Kuba-Krise", der ersten direkten Konfrontation der beiden Großmächte. Chruschtschow lenkt ein und zieht seine Raketen ab.
14. Oktober 1964
Chruschtschow wird im ZK gestürzt, Breschnew neuer Erster Sekretär, Kossygin Ministerpräsident.
7. Februar 1965
Erste amerikanische Bomben auf Nord-Vietnam. US-Präsident Lyndon B. Johnson will Hanoi zur Aufgabe der Hilfe für die südvietnamesischen Kommunisten (Vietcong) zwingen. Beginn des Vietnamkrieges.
24. bis 26. März 1965
Das ZK der sowjetischen KP beschließt, 71 Milliarden Rubel in die Entwicklung der Landwirtschaft zu stecken.
27. bis 29. September 1965
Beschluß des ZK zur Verbesserung der Leitung und Planung in der Wirtschaft. Die neue Führung versucht, Ideen des Charkower Professors Libermann in einzelnen Wirtschaftszweigen zu verwirklichen.
29. März bis 8. April 1966
XXIII. Parteitag. Das Amt des Generalsekretärs der KPdSU wird geschaffen und Breschnew übertragen. Stalin wird teilweise rehabilitiert, die restaurativen Kräfte in der Partei gewinnen wieder an Boden.
20./21. August 1968
Einmarsch von Truppen des Warschauer Pakts in die ČSSR, die dem „Prager Frühling" ein Ende setzen. Sowjetische Intellektuelle wie der Atomphysiker Andrej Sacharow und auch die italienischen Kommunisten protestieren gegen den Einmarsch, von Fidel Castro wird er gebilligt.
26. September 1968
Um die den Warschauer Pakt-Verträgen widersprechende Invasion in die ČSSR zu rechtfertigen, stellt die KPdSU die These von der „begrenzten Souveränität der sozialistischen Staaten im Falle einer Gefahr für das sozialistische Weltsystem" auf („Breschnew-Doktrin").
19. März 1970
Memorandum Sacharows und anderer prominenter Wissenschaftler an Breschnew, in dem eine Demokratisierung der UdSSR und stärkerer Informationsaustausch mit dem Ausland gefordert wird.
12. August 1970
Ministerpräsident Kossygin, Außenminister Gromyko, Bundeskanzler Willy Brandt und Außenminister Walter Scheel unterzeichnen den Moskauer Vertrag zwischen UdSSR und Bundesrepublik Deutschland, der den Status quo im Nachkriegseuropa anerkennt und eine neue Entspannung in Europa kennzeichnet.
8. Oktober 1970
Verleihung des Friedensnobelpreises an den sowjetischen Schriftsteller und Regimekritiker Alexander Solschenizyn, der unter Stalin von 1945 bis 1953 ins Straflager verbannt und am 10. November 1969 aus dem sowjetischen Schriftstellerverband ausgeschlossen worden war. Er wird 1974 aus der UdSSR ausgebürgert.
4. November 1970
Andrej Sacharow gründet das Komitee zur Durchsetzung der Menschenrechte in der UdSSR.
22. bis 30. Mai 1972
US-Präsident Nixon in Moskau. Unterzeichnet wird das Abkommen zur Begrenzung der strategischen Rüstung (SALT). Breschnew und Nixon einigen sich auf die Prinzipien der friedlichen Koexistenz.
27. Januar 1973
Unterzeichnung des Waffenstillstandsabkommens zwischen den USA, Nord- und Süd-Vietnam sowie der Provisorischen Revolutionsregierung Süd-Vietnams (Vietcong). Die USA, die eine Truppenstärke bis zu 550 000 Mann eingesetzt hatten und das Land trotz weltweiter Proteste bombardierten, erklären sich zum Abzug ihrer Truppen bereit. 1975 wird Süd-Vietnam vom Norden eingenommen, beide Länder werden 1976 wiedervereint und seitdem vom kommunistischen Hanoi aus regiert.

1. August 1975
Unterzeichnung der KSZE-Schlußakte in Helsinki, in der sich alle 33 teilnehmenden europäischen Staaten, darunter die UdSSR sowie die USA und Kanada, zur Einhaltung der Menschenrechte verpflichten.
21. Juni 1976
Bei den Parlamentswahlen in Italien erringen die Kommunisten unter „Eurokommunist" Enrico Berlinguer ihren größten Erfolg: Sie erhalten 34,4 Prozent der Stimmen. Der „historische Kompromiß" – eine Regierung aus Christdemokraten und Kommunisten – kommt jedoch nicht zustande.
13. Mai 1976
Neun sowjetische Dissidenten unter Führung von Jurij Orlow gründen eine Gruppe zur Überwachung der Helsinki-Abkommen in der UdSSR, unter ihnen Jelena Bonner und Alexander Ginsburg. Orlow wird von den Sicherheitsbehörden öffentlich verwarnt.
16. Juni 1977
Breschnew wird auch Staatsoberhaupt.
15. bis 18. Juni 1979
Unterzeichnung des SALT-II-Abkommens durch Breschnew und US-Präsident Carter in Wien.
27. Dezember 1979
Einmarsch von sowjetischen Truppen in Afghanistan, begründet mit einem Hilfeersuchen der afghanischen Führung.
4. Januar 1980
US-Präsident Carter verhängt als Antwort auf die sowjetische Invasion in Afghanistan ein Handelsembargo für Getreide und moderne Technologien gegen die UdSSR. Auch andere westliche Staaten reagieren mit Sanktionen, u. a. mit dem Boykott der Olympischen Spiele im Juli in Moskau.
22. Januar 1980
Andrej Sacharow wird nach Gorki verbannt.
22. Oktober 1980
Kossygin, ein Gegner der Afghanistan-Invasion, tritt „aus Gesundheitsgründen" zurück.
24. Februar bis 3. März 1981
Auf dem XXVI. Parteitag wird – im Gegensatz zu Chruschtschows optimistischen Prognosen – der „Ausbau des Kommunismus" nun als Zukunftsaufgabe bezeichnet. Die überalterte Parteiführung wird bestätigt.
10. November 1983
Tod Breschnews. Andropow wird sein Nachfolger und beginnt eine Antikorruptionskampagne, mit der er das jüngste Politbüromitglied Michail Gorbatschow beauftragt.
9. Februar 1984
Tod Andropows. Ihm folgt Tschernenko, der die Reformansätze Andropows zurücknimmt.
10. März 1985
Tod Tschernenkos nach langer Krankheit.
11. März 1985
Das ZK der KPdSU wählt Michail Gorbatschow zum neuen Parteichef. Er verkündet eine „Revolution ohne Gewehre", „Glasnost" und „Perestrojka".
25. Februar 1986
Der XXVII. Parteitag verabschiedet ein neues Programm: Radikale Reformen sollen die Wirtschaft voranbringen, die Betriebe mehr Selbständigkeit erhalten.
19. Dezember 1986
Andrej Sacharow wird aus der Verbannung entlassen. 1987 werden weitere 140 Dissidenten freigelassen, viele in psychiatrischen Kliniken Zwangsinternierte kommen frei, 1989 werden mehrere sibirische Straflager aufgelöst.
27. Januar 1987
Vor dem ZK rechnet Gorbatschow in bis dahin beispielloser Weise mit den Fehlern der Vergangenheit ab. Er fordert eine Änderung des Wahlsystems.
11. Februar 1988
Schwere Unruhen in Berg-Karabach, einer zur moslemischen Sowjetrepublik Aserbaidschan gehörenden Enklave, die mehrheitlich von christlichen Armeniern bewohnt wird. Der Nationalitätenkonflikt greift auf ganz Aserbaidschan über und weitet sich im Januar 1990 zum Bürgerkrieg aus. Moskau kann die Ruhe erst durch Truppeneinsatz wiederherstellen.
Mai 1988
Rückzug der Sowjet-Truppen aus Afghanistan. Am 15. Februar 1989 verlassen die letzten Einheiten das Land.
20. Mai 1988
Ungarns KP-Chef Kádár muß zurücktreten. Neuer Generalsekretär wird der Reformer Károly Grósz.
11. Mai 1989
Die UdSSR kündigt einen einseitigen Abzug von 500 atomaren Kurzstreckenraketen aus Europa an – Teil einer Abrüstungsinitiative von Michail Gorbatschow.
25. Mai 1989
Gorbatschow wird vom Volkskongreß zum Staatspräsidenten gewählt.
4. Juni 1989
Auf dem Platz des Himmlischen Friedens in Peking richtet das Militär ein Blutbad unter Bürgern und Studenten an, die seit Wochen für mehr Demokratie demonstrieren.
16. Juni 1989
Imre Nagy, Führer des ungarischen Volksaufstandes von 1956, wird am 31. Jahrestag seiner Hinrichtung mit allen Ehren beigesetzt. Mit ihm werden einige seiner engsten Gefährten auf einem Budapester Friedhof bestattet.
6. Juli 1989
Michail Gorbatschow betont auf einer Gipfelkonferenz der osteuropäischen Staaten in Bukarest die „Gleichberechtigung" und „Selbständigkeit" der sozialistischen Staaten bei Reformen und spricht von „neuen Verhältnissen im osteuropäischen Bündnissystem".
27. Juli 1989
Der Oberste Sowjet der Sowjetunion gewährt den baltischen Republiken Estland, Lettland und Litauen ab 1. Januar 1990 die wirtschaftliche Selbständigkeit.
29. Juli 1989
400 radikale Reformer um den früheren Moskauer Bürgermeister Boris Jelzin gründen im Obersten Sowjet eine eigene Fraktion, die sich für eine Beschleunigung der Perestrojka einsetzt.
23. August 1989
50. Jahrestag der Unterzeichnung des Hitler-Stalin-Pakts: Mehr als eine Million Menschen bilden eine Menschenkette durch Estland, Lettland und Litauen, mit der sie ihren Wunsch nach Unabhängigkeit und Eigenstaatlichkeit unterstreichen. Das ZK der KPdSU lehnt die Unabhängigkeitsbestrebungen am 27. August in einer scharf formulierten Erklärung ab.
24. August 1989
Tadeusz Mazowiecki, Kandidat des polnischen Bürgerkomitees „Solidarność", wird zum ersten nichtkommunistischen Ministerpräsidenten Polens nach dem Zweiten Weltkrieg gewählt.
23. September 1989
Ungarn gibt bekannt, daß es die Rehabilitierung von mehr als 100 000 Stalinismus-Opfern eingeleitet hat.
9. Oktober 1989
Der Oberste Sowjet legalisiert Streiks. Nur in Schlüsselindustrien bleiben sie verboten.
18. Oktober 1989
DDR-Staats- und Parteichef Erich Honecker wird nach immer größer werdenden Demonstrationen und einer Fluchtwelle der Menschen aus seinem Land vom ZK zum Rücktritt gezwungen.
27. Oktober 1989
Außenministerkonferenz des Warschauer Pakts in Warschau: Jedes Volk habe ein Recht „auf die freie Wahl seines gesellschaftlichen, politischen und wirtschaftlichen Entwicklungsweges". Es heißt, jedes Mitglied des Warschauer Pakts könne das Bündnis verlassen, wenn es dies wünsche.
3. November 1989
Belgien und Ungarn unterzeichnen das erste Abkommen zwischen NATO- und Warschauer Pakt-Staaten über militärische Zusammenarbeit.
7. November 1989
Sowjetische Bürgerrechtler veranstalten in Moskau zum erstenmal seit Jahrzehnten eine Gegendemonstration zu den offiziellen Feiern zum 72. Jahres-

tag der Oktoberrevolution. Mehr als 10 000 Menschen kommen zu einer nicht genehmigten Kundgebung mit der Parole „72 Jahre auf dem Weg ins Nirgendwo".

9. November 1989
Fall der Mauer in Berlin. Die DDR öffnet alle Grenzen in den Westen.

10. November 1989
Bulgariens Staats- und Parteichef Todor Schiwkow wird entmachtet, der Reformer und Außenminister Petar Mladenow sein Nachfolger.

13. November 1989
Der Oberste Sowjet Estlands erklärt den „Anschluß" der Republik an die UdSSR im Jahre 1940 für „null und nichtig". Am 18. November demonstrieren mehr als 550 000 Menschen für die Unabhängigkeit des Landes.

24. November 1989
Der tschechische KP-Chef Jakes tritt nach tagelangen Massendemonstrationen für Demokratie und freie Wahlen zusammen mit dem Präsidium des ZK zurück.

3. Dezember 1989
Zum Abschluß ihres Gipfels vor der Mittelmeerinsel Malta sprechen US-Präsident George Bush und der sowjetische Staatspräsident Michail Gorbatschow vom Beginn einer „neuen Ära". Beide Politiker stellen fest, daß die Welt „das Zeitalter des Kalten Krieges hinter sich läßt und in eine neue Epoche eintritt".

4. Dezember 1989
Die Warschauer Pakt-Staaten erklären bei ihrem Treffen in Moskau den Einmarsch ihrer Truppen in die Tschechoslowakei zur Niederwerfung der Reformbewegung von 1968 zur „Einmischung in die Angelegenheiten einer souveränen Tschechoslowakei", die verurteilt werden müsse.

10. Dezember 1989
Der tschechische Staatspräsident Gustav Husák muß zurücktreten. Zu seinem Nachfolger wählt das Parlament den jahrelang vom Regime verfolgten Schriftsteller Václav Havel.

22. Dezember 1989
Aufstand in Rumänien: Staats- und Parteichef Ceauşescu muß fliehen und wird am 26. Dezember nach einem Geheimprozeß erschossen.

18. März 1990
Lothar de Maizière (CDU) wird zum ersten nichtkommunistischen Ministerpräsidenten der DDR gewählt.

23. Mai 1990
Der konservative Historiker József Antall wird zum ersten nichtkommunistischen Ministerpräsidenten Ungarns nach dem Zweiten Weltkrieg gewählt.

2. bis 13. Juli 1990
Der XXVIII. Parteitag der KPdSU bestätigt die von Gorbatschow betriebene Trennung von Partei und Staat: Das Politbüro, dem kein Regierungsmitglied mehr angehört, verliert an Einfluß, Gorbatschows 17köpfiger „Präsidialrat" wird gestärkt. Der Präsident der Russischen Republik, Boris Jelzin, die Bürgermeister von Moskau und Leningrad und weitere Radikalreformer erkären auf dem Parteitag den Austritt aus der ihrer Meinung nach „zur Erneuerung unfähigen" KPdSU.

Fotovermerk:

Titel
(oben links): STERN-Archiv;
(oben rechts): STERN-Archiv;
(unten links): Sven Simon;
(unten rechts): AFP/Vitaly Armand;
5: STERN-Archiv;
16/17 (oben): Ullstein;
(unten rechts): Keystone;
18: Archiv für Kunst u. Gesch.;
19: Keystone;
20/21: Archiv für Kunst u. Gesch.;
22/23: Süddt. Verlag;
24/25: Jürgens/Ost u. Europa Photo;
26/27: Historia Photo;
28/29: STERN-Archiv;
30: STERN-Archiv;
30/31: Willy Römer;
32/33: STERN-Archiv;
34/35: STERN-Archiv;
36/37: Archiv f. Kunst u. Geschichte;
38/39: Hoover Foundation;
40/41: Zentralbild-ADN;
42/43: ADN;
44/45: ADN;
46/47: Süddt. Verlag;
48/49: Archiv f. Kunst u. Gesch.;
50/51: Zentralbild-ADN;
52/53: Süddt. Verlag;
54: STERN-Archiv;
55 (oben): STERN-Archiv;
(mitte): Zentralbild-ADN;
(unten): UPI;
62/63: STERN-Archiv;
64/65: Süddt. Verlag;
66/67: Zentralbild-ADN;
68/69: Jürgens/Ost- u. Europa Photo;
70/71 (oben): Ullstein;
(unten): Süddt. Verlag;
72/73: STERN-Archiv;
74/75: Bildarchiv preuss. Kulturbesitz;
76/77: Jürgens/Ost- u. Europa Photo;
78/79: Süddt. Verlag;
80/81: STERN-Archiv;
82/83 (oben): Sven Simon;
83 (unten links): Historia-Photo;
(mitte): Historia-Photo;
(rechts): Historia-Photo;
84/85: Keystone;
86/87: Keystone;
88: Ullstein;
89: Helmut Laux;
96/97: Bildarchiv preuss. Kulturbesitz;
98/99: STERN-Archiv;
100/01: Archiv f. Kunst u. Gesch.;
102/03: Jürgens/Ost- u. Europa Photo;
104/05: Archiv für Kunst u. Gesch.;
106/07 (oben): Süddt. Verlag;
(unten): Jürgens/Ost- u. Europa Photo;
108/09: AFP;
110/11: AP;
112/13: Keystone;
114/15: Süddt. Verlag;
116/17: Jürgens/Ost- u. Europa Photo;
118/19: Süddt. Verlag;
120/21: Spyros Meletzis;
122/23: Süddt. Verlag;
124: UPI;
125: Bildarchiv preuss. Kulturbesitz;
126/27: Süddt. Verlag;
128 (oben): Süddt. Verlag;
(unten): Süddt. Verlag;
129 (oben): Süddt. Verlag;
(unten): AP;
130/31 (oben): Sovtozv;
131 (unten): AP;
138/39: Süddt. Verlag;
140/41: AP;
142/43: AP (2);
144/45: Keystone;
146/47: Süddt. Verlag;
148/49: STERN-Archiv;
150: UPI;
151: Keystone;
152/53: Süddt. Verlag;
154/55: Rolf Gillhausen;
156: AP;
157: Süddt. Verlag;
158/59: Süddt. Verlag;
160/61: Süddt. Verlag;
162: Süddt. Verlag;
163: Robert Lebeck/STERN;
164: DPA;
165: UPI;
166/67: Süddt. Verlag;
168/69: STERN-Archiv;
170/71: Süddt. Verlag;
172/73: Paris Match;
180/81: Süddt. Verlag;
182/83: Max Scheler/STERN;
184/85 (oben): Süddt. Verlag;
(unten): Ullstein;
186: AP;
187: Süddt. Verlag;
188/89 (oben links): STERN-Archiv;
(oben rechts): Fidelitas;
(unten links): Süddt. Verlag;
(mitte): Ullstein;
(rechts): Ullstein;
190/91: Keystone;
192/93: Volker Krämer;
194 (oben): DPA;
(unten): SOUFOTO;
195: APN;
196/97: UPI;
198/99: Gamma;
200/01: Süddt. Verlag;
202/03: Harry Schmidt/STERN;
204/05: Süddt. Verlag;
206/07: Süddt. Verlag;
208/09: STERN-Archiv;
210: Camera-Press;
211: AP;
218/19: Hans-Günther Old;
220 (oben): Contact Press Images;
(unten): Jay Ullal/STERN;
221 (oben): Jay Ullal/STERN;
(unten): Contact Press Images;
222: Reuters/Bettmann News photos;
223: AP;
224/25: Mario R. Dederichs/STERN;
226: Gamma;
227: DPA;
228/229: Tass;
230: Octupus;
231: Kalju Suur;
232/233: STERN-Archiv;
234/235: Eastlight;
236: Iswestija;
237: AP;
238: AP;
239: DPA;
240/41 (oben): Eastlight;
(unten): DPA;
242/43: Alfred-Sipa;
244/45: Octupus;
246/47 (oben): DPA;
(unten): Novosti;
248/49: Klaus Meyer-Andersen/STERN.